GOLDMANN

In der Reihe Goldmann Farbige Ratgeber
sind bisher folgende Bände erschienen:

Ganz ohne Fleisch. Gesund mit vegetarischer Küche (10250)
Stricken. Die neue Strickschule (10251)
Pasta-Buch. Die schönsten Nudelgerichte (10252)
Backen. Kuchen, Torten und Gebäck (10253)
Schöne Strickmodelle.
Jacken, Pullunder, Westen und Pullis (10254)
Diät. Schlank, gesund, schön (10255)
Naturapotheke. Rezepte von Mutter Natur (10256)
Balkon, Terrasse, Blumenkästen (10258)
Einmachen. Süßes und Pikantes aus Obst und Gemüse (10259)
Der Intensivgarten. Hoher Ertrag auf kleinstem Raum (10261)
Mein Kräuterbuch. Für Küche und Gesundheit (10262)
Häkeln. Die neue Häkelschule mit vielen Anregungen (10263)
Biologischer Nutzgarten.
Giftfreier Anbau von Obst und Gemüse (10264)
Wasser im Garten. Das Feuchtbiotop – Anlage und Pflege (10265)
Das Gemüsekochbuch. Von Artischocke bis Zucchini (10266)
Das Kartoffel-Kochbuch.
Rezeptideen für Suppen, Vorspeisen und Hauptgerichte (10268)
Das Lamm-Kochbuch.
Die besten Rezepte der internationalen Küche (10270)
Das Fisch-Kochbuch. Von Aal bis Zander (10271)
Das Auflaufbuch. Rezepte – mal süß, mal pikant (10272)
Der Naturgarten (10275)
Der Steingarten (10276)
Der kleine Garten (10277)
Der Wintergarten (10278)

Renate Zeltner

Der kleine Garten

GOLDMANN VERLAG

Layout: Sebastian Strohmaier

Made in Germany · 3/87 · 1. Auflage

Umschlaggestaltung: Design Team München
Umschlagfoto: Bildarchiv Sammer, Neuenkirchen
Satz: Filmsatz Schröter GmbH, München
Druck: Appl, Wemding
Verlagsnummer: 10277
Herstellung: Sebastian Strohmaier
ISBN 3-442-10276-6

Inhalt

Kleiner Garten – große Lust

Gewiß, ein großer, weiträumiger Garten mit gepflegten Rasenflächen oder bunten Blumenwiesen, mit mächtigen Bäumen und endlosen Blumenrabatten ist ein Ziel, von dem es sich zu träumen lohnt. Für die meisten von uns aber bleibt angesichts der zunehmenden Enge unserer Siedlungsräume, der immer höher gewordenen Grundstückspreise und der entsprechend winzigen Parzellen ein solcher Traum unerfüllt.

Wir können uns damit trösten, daß ein großzügig bemessener Garten keineswegs nur Vorteile hat, daß er in der Vegetationszeit unzählige Stunden Pflege braucht, daß man in den Sommermonaten kaum abkömmlich ist, daß man sogar im Winter ziemlich viel Zeit mit der Planung des kommenden Gartenjahres verbringt.

Viele Besitzer großer Gärten kommen selbst kaum dazu, die lauschigen Plätze, die zum geruhsamen Sitzen einladenden Ecken zu genießen, weil sie an den Sommerabenden und -wochenenden oft erst nach dem Dunkelwerden ihr Werkzeug oder den Gartenschlauch aus der Hand legen.

Personal für die Arbeit im Garten aber ist schon längst ein Anachronismus. Nur noch eine Handvoll mit außergewöhnlichem Wohlstand bedachte Zeitgenossen kann oder will sich den tagtäglich im

Blumenbeete als Rahmen eines kleinen Gartens.

Vor allem Einjährige, hier Chinesische Astern, liefern den Blütenschmuck für den Garten im Kleinformat.

Garten hantierenden dienstbaren Geist mit grüner Gärtnerschürze leisten.
Ihnen ist dieses Büchlein natürlich nicht zugedacht. Seine Adressaten sind vielmehr alle, die in den Reihenhaussiedlungen rund um große oder kleinere Städte oder auch in Atriumhäusern und Terrassenhauswohnungen zu Hause sind, alle, denen ein kleines Stückchen kultivierbarer Boden zur Verfügung steht und die daraus das denkbar Beste, Schönste und Originellste machen wollen. Wer mit der nötigen Energie und Begeisterung an die Gestaltung seines »kleinen Gartens« geht, der wird darin am Ende Lust, Vergnügen und Entspannung finden, die im umgekehrten Verhältnis zur Größe des Gartens stehen.

Der kleine Garten als Herausforderung an den Gartengestalter

Wer rund ums Haus eine große Gartenfläche zur Verfügung hat, der kann bei der Anlage seines Wohngartens nach Belieben schalten. Sitzplätze, Gehölzgruppen, Staudenbeete und vieles mehr einplanen.

Der Besitzer eines kleinen Gartens aber muß sich von Anfang an bescheiden und noch dazu viel exakter planen und die voraussichtliche Entwicklung seiner Pflanzen im Auge haben. Nimmt er sich am Anfang zuviel vor, wird ihm sein Garten nur allzubald buchstäblich über den Kopf wachsen.

Dabei kann man, wenn man geschickt und phantasievoll ans Werk geht, aus jedem Stück Garten, und sei es noch so klein, ein kleines Paradies machen, in dem es – je nach Geschmack des Besitzers – ein bißchen wild und fast wie in der Natur oder geordnet und gepflegt zugeht.

Wichtig ist, daß man sich vorher ein Konzept macht für den Garten, der vor oder hinter dem Haus oder als Teil der Wohnung in Form eines Innenhofs, einer Terrasse oder Dachterrasse entstehen soll.

Bevor man mit der Planung beginnt, sollte man sich möglichst viele schon »fertige«, also eingewachsene Gärten ansehen, die eine ähnliche Form haben wie das Gartenland, das einem zur Verfügung steht. Wenn es sich um einen Reihenhausgarten handelt, braucht man meist nicht weit zu gehen. Nachbarn, die früher eingezogen sind, haben vielleicht schon Hand an ihren Garten gelegt. Außerdem kann man in sämtlichen Siedlungen der Umgebung »kiebitzen« und ruhig den einen oder andern Gartenbesitzer über den Zaun weg ansprechen und ihn nach seinen Erfahrungen fragen. Auch bei diesem oder jenem Eigentümer eines Atriumhauses kann man sich gewiß Zutritt verschaffen, um festzustellen, was man bei der Anlage des eigenen Innenhofs genauso

wie er oder aber ganz anders machen würde. Und für die Gestaltung von Terrassengärten gibt es ebenfalls unzählige Beispiele.
In dem Augenblick, wo sich jemand anschickt, Haus- oder Wohnungsbesitzer zu werden und ihm damit auch die Gestaltung und Einrichtung eines Gärtchens bevorsteht, geht er sowieso mit ganz neuem Interesse an den Gärten anderer Leute vorbei. Ab sofort ist sein Blick geschärft für Staudenbeete und Heckenpflanzen, für Wege und Sitzplätze, für Kletterpflanzen und Blumenkübel, für Blumenwiesen und schnurgerade Rasenkanten, für Spalierobst und Pergolen, für Gartenteiche und Sumpfbeete, für Springbrunnen und Trockenmauern. Er sammelt von nun an gärtnerische Anregungen und gestaltet sein künftiges Gartenreich im Geiste mal so und dann wieder ganz anders.
Abgesehen von solchen eher zufälligen Anregungen kann man auch ganz gezielt vorgehen und zum Beispiel eine Landes- oder noch besser die Bundesgartenschau besuchen. Nicht nur, um dort zwischen Blumenrabatten und Rosengärten zu lustwandeln, sondern weil man sich etwas abgucken, weil man Informationen mit nach Hause nehmen will.
Schließlich kann und wird man natürlich Gartenbücher zu Rate ziehen und darin studieren, was der Fachmann zum Thema »kleine Gärten« zu sagen hat.

Sind wir bei unseren bisherigen Überlegungen davon ausgegangen, daß nur der Interesse an diesem Buch bekundet, der sich einen kleinen Garten von Grund auf anlegt, so ist es nun an der Zeit, auch die Gartenbesitzer anzusprechen, die schon seit längerer Zeit ein Gärtchen »bewirtschaften«, mit dem Ergebnis aber nicht gerade zufrieden und schon gar nicht glücklich sind. Auch sie sind eingeladen, sich am folgenden Ideenwälzen und Plänemachen zu beteiligen. Sie könnten doch noch einmal von vorn anfangen oder zumindest ihr bisheriges Gartenkonzept neu überdenken und teilweise ändern. Wie wär's zum Beispiel, wenn sie anstelle des überflüssig gewordenen Sandkastens und der Schaukel – die Kinder sind längst im Disco-Alter – einen Gartenteich oder ein Hügelbeet für viele frische Gemüse anlegen würden oder wenn der Rasen ersatzlos zugunsten eines bäuerlichen Blumen- und Kräutergartens entfiele. Die Korrekturen brauchen aber nicht unbedingt so weitgehend zu sein. Man könnte mit relativ geringem Arbeits- und Kostenaufwand aus einer völlig zubetonierten Terrasse einen Plattengarten machen, in dem es Platz für allerlei Polster- und Steingartenstauden, für Blumenkübel, Mauerbeete und Kletterpflanzen gibt, auf dem aber trotzdem eine behagliche Sitzecke stehen kann.
Am besten nimmt sich, wer den Garten von Grund auf neu zu pla-

Ein Hang mit seinen verschiedenen Ebenen läßt sich besonders attraktiv bepflanzen.

nen hat, zunächst einmal ein Blatt Millimeterpapier zur Hand und zeichnet darin den Garten in seiner Länge und Breite ein. Als nächstes wird das maßstabsgerecht eingetragen, was durch den Komplex des Hauses vorgegeben ist, also zum Beispiel die Terrasse, die vor dem Wohn- und Eßzimmer liegt oder eine Mauer, die die Terrasse gegen das Nachbargrundstück abschirmt.

Der Rest steht dann der Fantasie zur freien Verfügung. Man pflanzt auf dem Papier eine lockere oder strenge Hecke um den Garten, arrangiert im hinteren Teil eine weitere Sitzecke oder plaziert eine Gartenbank im Schatten eines Busches oder kleinen Baums. Die Kinder brauchen ihren Teil des Gartens für eine Spielecke oder um selbst kleine Beete mit Blumen und Gemüse anzulegen. Ein Arbeitsplatz für den Komposthaufen, möglichst mit Wasseranschluß, ist unumgänglich. Oder ist vielleicht sogar ein kleines Gartenhäuschen gefällig, mit Platz für die Gartengeräte oder als Spielzimmer für die Kinder? Man muß es ja nicht gleich realisieren, sollte so etwas aber doch von Anfang an in die Planung einbeziehen.

Schließlich kann man mit dem Zeichenstift auch schon mal ein paar kleine Sträucher oder Koniferen »pflanzen«, eine Staudenrabatte anlegen, das Rasen- oder Wiesenstück maßstabsgerecht einzeichnen, das man sich vorstellt, ein Gerüst für Kletterpflanzen bauen und nicht zuletzt Wege vorsehen, die zugleich verbinden und gliedern.

Eine solche Zeichnung ist ideal zum Sammeln von Anregungen, und sie wird bestimmt nicht die einzige bleiben. Vor allem dann nicht, wenn mehrere Familienmitglieder ihre Ideen einbringen.

Am Ende aber wird man bei der für die eigenen Bedürfnisse und Wünsche optimalen Nutzung des kleinen Gartens sein. Erst dann sollte man sich an die Realisierung machen. Man schaut sich in Baumschulen und Staudengärtnereien um, besichtigt Platten und Steine, die in Frage kommen, installiert Strom- und Wasserleitungen und gegebenenfalls einen Abfluß, macht sich Gedanken über Materialien für eine Treppe oder Mauer, bereitet den Aushub für einen Teich oder einen Springbrunnen vor.

Bevor man den ersten Spatenstich macht oder den ersten Stein auf den andern setzt, sollte man den ganzen Garten vor sich sehen. Man kann sich bei dieser Art der Planung manchen Fehler und damit Zeit und Kosten ersparen, auch wenn das schließlich von der ganzen Familie verabschiedete Gesamtkonzept während der Ausführung immer noch Änderungen erfährt. Schließlich ist kein Plan so gut, daß er nicht im Laufe seiner Verwirklichung noch besser werden könnte.

Der Reihenhausgarten

Die üblichen Proportionen des Reihenhausgartens sind alles andere als günstig für die Gartengestaltung. Das Grundstück ist nämlich im allgemeinen nicht breiter als das Haus selbst, also 5, im Höchstfall 6 Meter. Das Haus steht meist so darin, daß vorn einige Quadratmeter für den Vorgarten übrig bleiben. Was hinter dem Haus, im allgemeinen auf der Süd-, der Südost- oder Südwestseite des Hauses für den Garten übrigbleibt, hat oft eine extrem ungünstige

Links: *Gestaltungsmöglichkeiten im Reihenhausgarten durch Sträucher, Blumenbeete, Platten.*

Rechts: *Eine winzige Rasenfläche ist hier als gestalterisches Element in den Garten einbezogen.*

Form, ist nämlich viel länger als breit. Da ist es oberstes Gebot, den Garten optisch zu verbreitern. Das gelingt zum Beispiel, indem man ihn zwei- oder noch besser dreiteilt. Am äußersten Ende, etwa im letzten Drittel könnte man einen Gemüsegarten oder ein Stück mit Beerensträuchern vorsehen und zwischendrin noch etwas Raum lassen für die Kompostecke. Ist das Grundstück sehr lang – in manchen Fällen erstreckt sich ein solcher Reihenhausgarten über eine Länge von mehr als 25 Metern – findet in eben diesem Drittel vielleicht sogar ein kleines Geräte- oder Spielhaus, eine altmodische Gartenlaube aus Holz oder eine Sauna Platz.

Wie die Bepflanzung an der rückwärtigen Grenze aussieht, hängt ganz davon ab, was hinten an den Garten anschließt. Liegt dahinter ein freies Feld, eine Wiese oder ein Stück Wald, wird man sich den Blick in die Weite nicht durch Sträucher oder Bäume versperren. Grenzt aber die nächste Häuserreihe oder eine belebte Straße hinten an das Grundstück, tut man gut daran, sich durch eine möglichst dichte Bepflanzung Sicht- und Lärmschutz zu verschaffen. Man kann dann die Gehölze so pflanzen, daß sie zugleich eine lauschige Ecke bilden, in der unter Umständen ein weiterer Sitzplatz eingerichtet werden kann. Mit dieser zweiten Terrasse ist dann zugleich ein wichtiger Akzent gesetzt und der die beiden Sitzplätze verbindende Weg, der natürlich nicht schnurgerade, sondern in Windungen geführt wird, liefert bereits ein Gerüst für den Garten. Dieser Weg kann durch ein Rasenstück verlaufen und aus einzelnen Platten bestehen, er kann aber auch durch einen Stauden-, einen Rosen- oder Steingarten führen, die sozusagen das Mittelstück des Gesamtgartens ausmachen.

Wichtigster Teil des langgestreckten Reihenhausgartens, der zum Beispiel auch durch einen querverlaufenden Plattenweg optisch herausgehoben und damit zugleich in die Breite gestreckt werden kann, ist das unmittelbar an das Haus anschließende Drittel mit der Terrasse.

Diesem Teil muß besondere Aufmerksamkeit geschenkt werden, denn er ist ja der eigentliche Wohngarten, ein zusätzliches grünes Zimmer, das entsprechend liebevoll gestaltet werden sollte.

Hier spielt natürlich die Terrasse die Hauptrolle. Sie kann so angelegt, möbliert und bepflanzt werden, daß man im Sommer, wenn alle Türen weit offen stehen, den Eindruck hat, daß Wohnung und Garten ineinanderfließen. Man sollte sie auf keinen Fall durch allzu üppig wachsende Sträucher abteilen und sich damit den Blick in den Garten verbauen, sondern die Sichtschutzmaßnahmen nach hinten verlegen. Natürlich kann man sie rechts und links durch einen blühenden Strauch oder ein nicht zu hoch wachsendes Bäumchen begrenzen, die Mitte aber muß zum Garten hin offenbleiben.

Ist die Terrasse etwas höher gelegen als der Garten, bietet sich hier eine gute Möglichkeit für die Gestaltung des kleinen Hangs als Steingarten oder mit einer Treppe. Auch eine Mauer kann als attraktives gestalterisches Element wirken, denn sie läßt sich wunderschön bepflanzen.

Die seitliche Begrenzung des Reihenhausgartens ist ein Kapitel für sich. Natürlich sollte man hier keine Bäume oder andere Gehölze vorsehen, die allzu hoch werden. Sie engen nicht nur den eigenen Garten ein und unterstreichen auch optisch noch die ungünstige »Handtuch«-Form, sondern können auch zum Ärgernis für die Nachbarn werden, denen sie unliebsamen Schatten oder im Herbst Laub in den Garten werfen. Durch solche Anpflanzungen ist nachbarlicher Zank auf die Dauer schon vorprogrammiert.

Das Beste ist, man unterhält sich mit den Nachbarn auf beiden Seiten über Möglichkeiten einer ge-

Wenn der kleine Garten zu einer einzigen großzügigen Terrasse wird.

meinsamen Pflanzung. Das kann eine Hecke sein, die man auf die gemeinsame Grenze pflanzt, die aber durch ihre schnurgerade Linie den Garten noch länger erscheinen läßt. Günstiger ist deshalb eine lockere Pflanzung von Sträuchern, die zu verschiedenen Zeiten blühen. Wer praktischer denkt, einigt sich mit dem Nachbarn vielleicht auf ein Obstspalier, das zugleich die Grenze bildet und das durch Schnitt auf beiden Seiten im Zaum gehalten wird. Die Ernte sollte natürlich geteilt werden. Möglich ist auch eine Himbeer- oder Brombeerhecke, die im Sommer genügend Sichtschutz gewährt und daneben reichlich Früchte für sommerliche Obsttorten und hausgemachte Marmelade liefert.

Wo die Terrasse, die ja der Hauptaufenthaltsort im Garten ist, gut abgeschirmt ist, legt der Reihenhausbesitzer auf zusätzlichen Sichtschutz nach beiden Seiten vielleicht gar keinen Wert, sondern zieht es vor, im Einvernehmen mit den Nachbarn auf seitliche Bepflanzung weitgehend zu verzichten. Dann wirken die nebeneinanderliegenden Gärten fast wie eine Gesamtanlage und vermitteln den Eindruck eines großen, großzügig gestalteten Gartens. In einem solchen Fall lohnt es sich unter Umständen, für die Gestaltung des

hinteren Abschlusses der Gärten einen Fachmann zuzuziehen, der Ratschläge für eine grenzüberschreitende Bepflanzung geben kann.
Aber wie gesagt, nichts sollte dem Zufall überlassen bleiben, sondern man muß von vornherein wissen, wie der Garten im nächsten, aber auch wie er in fünf oder zehn Jahren aussehen wird.

Die Zeichnungen auf diesen Seiten sollen nur Beispiele sein, welche Möglichkeiten einem auch ein relativ kleines Grundstück bietet. Darüber hinaus gibt es unzählige weitere Varianten. Einzelheiten über spezielle Gärten zu einem ganz bestimmten Thema aber findet der interessierte Leser in dem Kapitel »Variationen zum Thema kleiner Garten« (Seite 33 ff.).

Der Innenhofgarten

Der Innenhof oder das Atrium war ein wichtiger Bestandteil des altrömischen Hauses. Schon in der Antike wußte man – zumal im mediterranen Raum – die Abgeschlossenheit und Intimität dieses nicht überdachten Zimmers innerhalb des Wohnbereichs zu schätzen. In unserer Zeit, wo in dicht besiedelten Gebieten und in bevorzugten Wohnlagen jeder Quadratmeter Grund und Boden kostbar ist, hat man diese Wohnidee wieder aufgenommen und bietet Häuser an, in denen der Innenhof – nebst einem meist winzigen Vorgarten – das einzige Stück Garten ist.
Aber gerade wegen der Begrenztheit des Raums regt dieser Platz ganz besonders zur gärtnerischen Gestaltung an. Er ist viel mehr als jeder andere Garten Teil der Wohnung und hat – zumal in der warmen Jahreszeit – eine zentrale Funktion, als Sitz- und Eßplatz, als Wohn- und Spielraum im Freien.
Trotz der bescheidenen Maße – der ganze »Garten« ist meist nicht größer als ein großes Wohnzimmer – gibt es doch unzählige Gestaltungsmöglichkeiten für den Innenhofgarten. Das reicht vom mit Platten ausgelegten und mit nur einzelnen Blumenrabatten gezierten Hof bis zum Rasengarten mit kleinen Gehölzen.
Eines gilt für alle Innenhofgärten: Die Bepflanzung soll nicht zu dicht und die Pflanzen dürfen nicht überdimensioniert sein. Nichts soll aus dem Rahmen fallen, den die vier Wände bilden. Das Gartengeviert wird meist auf zwei Seiten von den Wänden des eigenen Hauses begrenzt, eine Wand liefert entweder das Nachbarhaus oder eine Garage, die vierte bildet häufig eine Mauer. Wo diese Seite nicht von

So attraktiv kann der Innenhof eines Hauses gestaltet und bepflanzt werden.

vornherein geschlossen ist, sollte man einen Palisadenzaun oder eine Pergola anbringen und sie von Kletterpflanzen dicht beranken lassen.
Das Kleinklima in einem solchen Innenhof ist meist sehr günstig, da kalter Wind abgehalten wird, die Sonne aber ungehindert Zutritt hat. Damit es andererseits bei Sommersonne nicht allzu heiß und drückend wird, ist es günstig, in der Nähe des Sitzplatzes einen Laubbaum zu haben, der natürlichen Schatten spendet. Das kann ein Kugelahorn, eine Birke, ein Mandelbaum oder ein Weißdorn sein. Im Schatten eines Baumes

sitzt es sich nämlich viel angenehmer als unter dem Sonnenschirm oder einer Markise, auf der die Sonnenhitze lastet. Auch gibt es mehr als eine kühlende Illusion, wenn man in seinem Innenhof fließendes Wasser hat. Das kann ein Springbrunnen sein oder ein Sprudel in einem kleinen Wasserbekken oder ein Wasserspeier an einer Wand.

Es hängt ganz von der Größe des Atriums, aber auch von den Nutzungswünschen der Bewohner ab, ob man sich darin ein kleines Rasenstück anlegt oder den Hof weitgehend mit möglichst kleinformatigen Platten oder mit Ziegeln pflastert. Der Belag sollte hell sein, damit er im Sommer nicht zuviel Wärme speichert. Man kann auch Platten in verschiedenen Farbabstufungen verlegen, so daß sie geometrische Muster bilden.

Die fensterlosen Wände des Atriums bieten sich geradezu an zum Bewachsen mit Kletterpflanzen. Man kann auch Spalierobst daran hochführen oder – wenn es sich um eine Wand handelt, die viel Sonne abbekommt – mit Wein.

Damit man den Wechsel der Jahreszeiten auch in den vier Wänden seines Innenhofs erlebt, sollte man Blumenrabatten haben, mit Zwiebelblumen im Frühjahr, mit sommer- und herbstblühenden Stauden, mit kleinen Sträuchern, die im Frühling ergrünen oder blühen und im Herbst golden oder rostrot funkeln.

Ein Hof, der die Wasserfläche des Gartenteichs lebendig macht.

Man kann, um die glatte Fläche eines mit Platten belegten Hofes aufzulockern, einzelne Steine oder auch größere Flächen aussparen und in einem Teil einen Steingarten mit grünen Pflanzen, Polsterstauden und einigen Zwergkoniferen anlegen. Auch Gräser in verschiedenen Größen, Formen und Farben passen gut in die Nachbarschaft von Ziegeln oder Platten.

Die besondere Attraktion eines jeden Innenhofgartens aber ist Wasser, zum Beispiel in Form des

Verteilung von Wasser, Pflanzen und gepflasterten Flächen in einem Innenhof.

schon erwähnten Springbrunnens oder Wasserspeiers, die sich relativ leicht mit Hilfe einer kleinen Pumpe in Betrieb halten lassen. Sie sorgen nicht nur für Kühle und frische Luft, sondern übertönen mit ihrem Plätschern auch den Lärm einer nahen Verkehrsader, der Eisenbahn oder vom Bolzplatz in der Nähe. Außerdem ist ein schön gestalteter Brunnen oder ein Wasserspiel auch eine Wohltat fürs Auge.

Platz genug aber gibt es in fast jedem Innenhof auch für einen nicht zu kleinen Gartenteich, der entweder aus Ziegeln gemauert oder mit Hilfe einer in vielen Größen lieferbaren Spezialfolie angelegt wird. Die Einrichtung dieses Gartenteichs kann man ohne weiteres selbst besorgen, ebenso wie seine Bepflanzung mit Wasserpflanzen in unterschiedlicher Größe und natürlich mit Seerosen. Einzelheiten dazu sind im Kapitel »Wassergarten« (auf Seite 75ff.) nachzulesen.

Was noch alles zu einem gemütlichen Innenhof gehört? Eine hübsche Sitzgruppe natürlich, eine Gartenbank in einer anderen Ecke, vielleicht ein Grillplatz unter einer Pergola, ein Abstellplatz für Gartengeräte und Gartenschlauch, etwa in Form eines Holzverschlags oder einer kleinen Hütte. Zum »Mobiliar« sollten auch ein paar Nistkästen für Singvögel, ein Futterhäuschen im Winter und, gegebenenfalls durch Büsche versteckt, ein Kompostsilo gehören.

Handelt es sich bei dem Innenhof

nicht um ein Atrium, wie es heute bei vielen Bungalows, also einstökkigen Flachdachhäusern üblich ist, sondern um eine Art Patio, einen Hof, der ganz von den eigenen vier Wänden eingerahmt wird, so empfiehlt sich die Ausstattung mit Kübelpflanzen. Über die dekorativsten und dankbarsten Exemplare für eine solche »mobile« Bepflanzung ist im folgenden Kapitel »Dach- und Terrassengarten« nachzulesen. Anregungen für die Gestaltung des Atriumgartens soll die Planskizze auf Seite 20 geben; sie zeigt ein Gärtchen mit einem Wasserbecken, mit einem nicht zu großen Baum und kleineren Pflanzgruppen. Die unterschiedlichen geometrischen Muster der Pflasterung beleben und geben dem Ganzen zugleich Struktur.

Der Dach- und Terrassengarten

Auch wer keinen großen oder kleinen Garten, sondern nur eine Terrasse oder einen Dachgarten sein eigen nennt, kann sich damit einen viele Monate des Jahres zusätzlich nutzbaren Raum schaffen. Noch dazu einen, der sich mit den Jahreszeiten wandelt, der alljährlich neu gestaltet werden kann.

Der Terrassengarten oder auch der Dachgarten sind noch mehr als der Atriumgarten Teil der Wohnung, vor allem, wenn die Terrasse im Sommer mit einer Markise gegen die Sonne abgeschirmt werden kann oder von einer mit blühenden und grünenden Pflanzen bewachsenen Pergola beschirmt wird.

Da spielt sich ein großer Teil des geselligen Familienlebens im Freien ab. Es lohnt sich also, sich über die Gestaltung dieses Freiraums Gedanken zu machen.

Wo man das Haus, die Wohnung mit Terrasse neu bezieht, wo alles von Grund auf neu gebaut wird, da hat man die Möglichkeit, auf die bauliche Gestaltung noch Einfluß zu nehmen, also vor allem auf den Bodenbelag für die Terrasse. Man wird sie heute nicht mehr, wie noch vor zehn Jahren üblich, mit Waschbetonplatten oder Betonsteinen belegen, sondern mit Klinker oder Ziegeln oder Natursteinen.

Ist der Betonboden bereits vorgegeben, kann man vielleicht die eine oder andere Platte aus dem Verbund lösen und in die so entstandene Lücke ein paar Steingartenstauden, einen hübschen Strauch oder, wenn die stützende Wand in der Nähe ist, eine Kletterpflanze einsetzen. Kletterpflanzen sind übrigens für jeden Terrassen-, jeden

Dachgarten ein fast unverzichtbares Element.
Normalerweise ist die Terrasse dem Wohn- oder Eßzimmer vorgelagert, eine Wand bildet also in jedem Fall die Fensterseite dieses Raums; meistens ist sie auch seitlich durch vorspringende Wände gegen Wind und Wetter, aber auch neugierige Blicke geschützt. Wenn nicht, kann man sich problemlos eine Palisadenwand oder eine andere Holzwand errichten. Besonders diese Seitenwände bieten sich zum Beranken mit Kletterrosen oder Klematis, mit Wildem Wein oder Knöterich an.
Man kann auch, um dem Terrassengarten etwas Abgeschlossenes, Zimmerartiges zu geben, an der vierten Seite, die der Hauswand gegenüberliegt, noch ein Hochbeet errichten, das zugleich Wind- und Sichtschutz bietet und außerdem bepflanzt werden kann.
Wenn es außerdem auf der Terrasse Tröge, Schalen und andere Pflanzgefäße mit Kübelpflanzen, dazu ein paar Pflanzkörbe oder Ampeln mit Hängepflanzen gibt, ist die »Möblierung« dieses Freisitzes komplett. Wer mag, kann natürlich auch noch ein Kräuterbeet oder einen Kräuterkasten im Schutze einer Wand installieren oder sich im Sommer Tomaten, Paprika oder Auberginen in Kübeln ziehen.
Was für die Terrasse gilt, das ist mit geringen Abwandlungen auch bei der Gestaltung des Dachgartens zu realisieren. Hier wird man allerdings noch mehr als bei der Terrassenbepflanzung für Windschutz, zum Beispiel durch leichte Zwischenwände und Klettergerüste für Pflanzen, achten müssen. Außerdem ist daran zu denken, daß Kübelpflanzen auf dem Dachgarten sehr viel Wasser benötigen. Will man richtige Beete in luftiger Höhe anlegen, muß eine wasserdurchlässige Unterlage geschaffen werden, auf die die Erde verfüllt wird. Sie kann aus Kies, Schotter oder Schlacke bestehen. Voraussetzung für eine solche Pflanzung ist natürlich die statische Überprüfung des Daches. Es muß absolut feststehen, daß die Last des Erdreiches nicht zu groß ist.
Die im folgenden aufgeführten Kübelpflanzen sind sämtlich für den Terrassengarten geeignet. Wer darüber hinaus ein Hochbeet mit kleinen Stauden oder mit Steingartenpflanzen anlegen oder gar in einem Bottich oder Trog einen Wassergarten en miniature einrichten möchte, der kann in den entsprechenden Kapiteln dieses Buches nachschlagen.

Mehr als ein Sitzplatz im Freien ist dieser Terrassengarten.

Agave

(Agave americana)

Die Agave, aus der Neuen Welt zu uns nach Europa gekommen, bringt mit ihren fleischigen, scharf-

spitzigen Blättern einen Hauch von Exotik in jeden Terrassengarten. Agaven werden bei uns bis 1 Meter hoch und brauchen einen sehr warmen, besonnten Platz. Außer graugrünen gibt es Agaven mit gelb- oder weißbunten Blättern. Sie blühen frühestens mit 30 Jahren. Die Pflanzen gehören zu den Agavengewächsen *(Agavaceae)*.
Agaven müssen im Winter ins Haus gebracht werden, und zwar in einen kühlen, hellen Raum. Während der kalten Jahreszeit brauchen sie praktisch keine Pflege, weder Dünger noch Gießwasser. Ab April kommt der Agavenkübel wieder ins Freie. Umtopfen in lehmig-humose Erde ist nur alle 3–4 Jahre nötig. Vorsicht, die Spitzen sind messerscharf!

Azalee

(Azalea)

Besonders geeignet für den Terrassengarten sind die wintergrünen Japanischen Azaleen. Sie werden höchstens 1 Meter hoch und tragen leuchtende weiße, rosa, violette oder karminrote Blüten, die im Mai blühen. Besonders attraktiv für den Dachgarten sind die niedrig wachsenden Diamant-Azaleen. Sie bilden zierliche Büsche, blühen reich und können sehr gut in Kübel gepflanzt werden. Alle anderen Azaleen verlieren im Herbst die Blätter.
Im Halbschatten gedeihen Azaleen, die zu den Heidekrautgewächsen *(Ericaceae)* gehören, am besten. Sie brauchen saure Erde. Zum Düngen sollte man speziellen Rhododendrondünger nehmen.

Azaleen können den Sommer auf der Terrasse verbringen.

Azaleen muß man reichlich gießen, der Boden soll aber nicht naß sein. Immergrüne Azaleen werden auch im Winter gegossen.

Fuchsie

(Fuchsia)

Fuchsien aus der Familie der Nachtkerzengewächse *(Onagraceae)* blühen bei guter Pflege von Juli bis Oktober. Bei den Fuchsien für Terrassen- oder Dachgärten handelt es sich im allgemeinen um Hybriden. Es gibt Pflanzen mit einfachen kleinen, aber auch mit besonders großen Blüten. Fuchsien werden in vielen Farbabstufungen von Bläulichviolett über Rosa bis Rot angeboten. Es gibt aber auch neue Züchtungen ganz in Weiß.
Fuchsien mögen halbschattige Standorte und humosen Boden. Im Sommer müssen die Kübelpflanzen wöchentlich gedüngt werden. Im Winter, wenn sie an einem kühlen, hellen Platz stehen, empfiehlt es sich, nur wenig zu gießen, im Frühjahr muß man dann die Pflanzen kräftig zurückschneiden. Besonders attraktiv sind Hochstammfuchsien.

Geranie

(Pelargonia)

Sie ist der bis heute unbestrittene Liebling unter allen Balkonpflanzen; 30–70 cm hoch wird die zu den Storchschnabelgewächsen *(Geraniaceae)* zählende Pflanze, die ununterbrochen den ganzen Sommer über (Juni bis Oktober) blüht und in vielen Schattierungen von leuchtendem Rot über Rosa bis Weiß zu haben ist. Es gibt bei den Geranien zwei Gruppen: aufrecht wachsende Zonale-Pelargonien und die hängenden Peltatum-Pelargonien, die auch Hänge-Geranien oder Efeu-Pelargonien genannt werden. Von beiden gibt es mehrere Sorten mit reicher Farbpalette.
An einem hellen, kühlen Standort kann man Geranien gut über den Winter bringen. Eine andere Möglichkeit ist, im Herbst Stecklinge von den alten Pflanzen zu schneiden. Voraussetzung für eine üppige Blüte ist ein sonniger Standort. Auch brauchen sie regelmäßige Düngung.

Heliotrop

(Heliotropium arborescens)

Diese Pflanze aus dem Blumengarten der guten alten Zeit hat nicht nur herrlich blauviolette Blüten, sondern erfreut uns auf Terrasse oder Dachgarten auch mit ihrem angenehm-süßlichen Duft. Der zu den Rauhblattgewächsen *(Boraginaceae)* gehörende Heliotrop wird mehr als 100 bis 120 cm hoch, blüht praktisch den ganzen Sommer über und wünscht sich einen immer besonnten Platz auf der Ter-

rasse. Man kann den mehrjährigen Strauch auch als Hochstämmchen ziehen.
Die Pflanze aus Südamerika braucht einen geschützten Standort in voller Sonne. Man bringt sie vor dem Einbruch des Winters in einen kühlen, hellen Raum und gießt sie während des Winters nur gelegentlich. Im Frühjahr wird die Pflanze in frische, sandige Erde gepflanzt und im Mai, wenn die letzten Fröste vorbei sind, wieder nach draußen gebracht.

Hortensie
(Hydrangea)

Das Steinbrechgewächs *(Saxifragaceae)*, das in den Farben Blau, Rot, Rosa und Weiß so üppig blüht wie kaum eine andere Pflanze im Garten, kann bis zu 150 Zentimeter hoch werden. Die Hortensie blüht im Hochsommer (Juli/August). Besonders geeignet für Terrassen- und Dachgarten ist die Bauern- oder Gartenhortensie, *Hydrangea macrophylla*. Eine wunderschöne Bereicherung des Dachgartens oder der Terrasse ist auch die Samt-Hortensie, *Hydrangea aspera sargentiana*. Ihre prächtigen Blütendolden erscheinen im Hochsommer.
Hydrangea macrophylla braucht frische, durchlässige Erde und Sonne bis Halbschatten. Den ganzen Sommer über muß regelmäßig gegossen werden.

Immergrün
(Vinca)

Die Pflanze, die zu den Hundsgiftgewächsen *(Apocynaceae)* gehört, wird nur 20–30 Zentimeter hoch und paßt an einen schattigeren Platz auf der Terrasse oder dem Dachgarten. Allzuviel Sonne verträgt sie nämlich nicht. *Vinca minor* hat lange Ranken und bedeckt bald auch größere Flächen. Die Blüten sind violett; daneben gibt es Sorten in Weiß und Rot, zum Beispiel ›Alba‹ und ›Rubra‹. Ausgesprochen dekorativ ist die weißbunte Sorte ›Variegata‹ des großblättrigen *Vinca major*. Immergrün braucht einen schattigen bis halbschattigen Platz. Gedüngt wird es im Abstand von 2–3 Wochen bis in den Hochsommer. Im Winter braucht es gelegentlich etwas Wasser. Die Vermehrung von Immergrün erfolgt durch Abtrennen bewurzelter Triebe.
Immergrün der verschiedenen Arten und Sorten paßt praktisch überallhin, wo man auch an schattigen Plätzen einen grünen Teppich mit dekorativen Blüten wünscht.

Knollenbegonie
(Begonia)

Prachtvoll gedeihen an sonnigen und halbschattigen Plätzen die Knollenbegonien-Hybriden, die zu

Man kann eine Terrasse auch wie ein großes Blumenbeet gestalten.

den Begoniengewächsen *(Begoniaceae)* gehören und bis 50 cm hoch werden. Sie blühen von Juli bis Oktober. Außer der Gigantea-Gruppe, die bis 60 cm hoch wird und besonders große Blüten hervorbringt, gibt es die Grandiflora-Compacta-Gruppe, die 25 bis 50 cm hoch wird und deren Blüten bis 10 cm Durchmesser erreichen, die niedrig wachsende Multiflora-Maxima- und Floribunda-Gruppe und verschiedene andere, darunter auch hängende Knollenbegonien.

Man kann die Knollen ab Februar vortreiben und sie dazu flach in feuchten Torf legen (hohle Seite nach oben) und an einen hellen, warmen Platz stellen. Im Mai, wenn die letzten Fröste vorbei sind, dürfen die Pflanzen nach draußen. Knollenbegonien sollte man regelmäßig düngen und gießen. Die Knollen müssen vor Frostbeginn zum Überwintern in den Keller. Knollenbegonien-Hybriden geben der Terrasse oder dem Dachgarten den ganzen Sommer über Farbe. Es gibt sie in Weiß, Rot, Rosa und Gelb.

Lavendel

(Lavandula angustifolia)

Lavendel ist nicht nur schön anzusehen, die 30–60 cm hochwachsende Pflanze, die zu den Lippenblütlern *(Labiatae)* zählt, die im Sommer in leuchtendem Blau blüht, verströmt auch einen so angenehmen Duft, daß man sie trocknet und in ein Duftsäckchen oder Duftkissen füllt. Für Terrassen- und Dachgärten eignet sich vor allem die nur 30 cm hohe ›Hidcote Blue‹ mit tiefblauen Blüten. Lavendel braucht einen warmen, trockenen Platz und blüht am schönsten auf magerem Boden. Alle paar Jahre ist ein Rückschnitt nach der Blüte günstig. Die Pflanze wird durch Stecklinge vermehrt.

Lorbeerbaum

(Laurus nobilis)

Lorbeer, bei uns vorwiegend als Gewürz in der Küche bekannt, hat eine lange, ruhmreiche Geschichte. Antike Helden wurden mit Kränzen aus Lorbeerblättern ausgezeichnet. Und in unserer Sprache ist Lorbeer heute ein Synonym für Glanz, Ruhm und Erfolg. Doch Lorbeer, der zu den Lorbeergewächsen *(Lauraceae)* zählt, ist natürlich bei aller Symbolik eine höchst attraktive Pflanze geblieben, die durchaus auf der Terrasse oder auf dem Dachgarten ihren Platz finden kann.
Wegen ihrer Herkunft aus dem mediterranen Raum verträgt die bis 175 cm hoch wachsende Pflanze, die schon im Frühjahr (April, Mai) blüht, keine Kälte oder gar Frost. Man bringt sie deshalb im Winter an einen hellen, kühlen Ort. Im Sommer braucht Lorbeer einen sehr sonnigen Platz und sollte reichlich gegossen und wöchentlich gedüngt werden. Im März erfolgt ein Rückschnitt. Man kann Lorbeer durch Stecklinge vermehren. Um ein Hochstämmchen zu ziehen, muß man die Seitentriebe abschneiden. Sobald der Spitzentrieb hoch genug ist, schneidet man die Spitze ab und bekommt so eine schöne Krone.

Oleander

(Nerium oleander)

Aus wärmeren Gefilden ist der wunderschöne Baum oder Strauch zu uns gekommen. Er dankt einen sonnigen Platz im Dachgarten oder auf der Terrasse und liebevolle

Pflege mit reichem, duftendem Blütenschmuck. Das Hundsgiftgewächs *(Apocynaceae)* kann bis zu 2 Meter hoch werden und bringt weiße, gelbe, rosa oder rote Blüten hervor. Die Pflanze ist giftig. Sonnig und warm will es Oleander im Sommer haben. Blütezeit ist Juli bis September. Regelmäßiges Gießen ist wichtig. Ebenso die wöchentliche Düngergabe. Im Winter braucht es der Oleander möglichst kühl und hell, aber frostfrei. Er braucht kaum noch Gießwasser. Im Frühjahr kann man einen Rückschnitt vornehmen, damit die Pflanze nicht mehr größer wird. Problemlos kann man vom Oleander Stecklinge schneiden und die Pflanze so vermehren.

Petunien und ihre Hybriden gibt's in vielen Farben.

Petunie

(Petunia)

Ein Klassiker unter den Pflanzen für Schalen und Blumenkästen ist die Petunie. Das beliebte Nachtschattengewächs *(Solanaceae)* bedankt sich für liebevolle Pflege und Versorgung mit üppiger Blütenpracht in den Farben Blau, Violett, vielen Rottönen, Weiß und Gelb. Auch zweifarbige Petunien sind lieferbar. Petunien, die bei uns angeboten werden, sind meist Hybriden. Es gibt: vielblütige (Multiflora-Gruppe), großblütige (Grandiflora-Gruppe), gefülltblühende (Plena-Gruppe) und andere Petunien-Sorten. Besonders dekorativ sind auch hängende Sorten. Petunien werden nach den letzten Frühjahrsfrösten gepflanzt und brauchen viel Sonne. Auch wollen sie regelmäßig gegossen und gedüngt werden. Blüten, die abgetrocknet sind, müssen entfernt werden.
Zu lange Pflanzen werden zurückgeschnitten.

Zwergmandel

(Prunus)

Die zu den Rosengewächsen *(Rosaceae)* zählende Zwergmandel gehört zu den hübschesten und dekorativsten Gewächsen, die man sich auf Terrasse oder Dachgarten holen kann. Schon im frühen Frühjahr sind ihre Äste übervoll mit zarten rosa Blüten. Der ganze Strauch wird nur etwa 1 Meter hoch. Er ist daher als Kübelpflanze besonders geeignet. Allerdings braucht er einen gut besonnten Standort.

Auch das Mandelbäumchen, *prunus triloba*, eignet sich als Kübelpflanze.

Alle Prunus-Arten brauchen zwar viel Sonne, mögen aber Trockenheit nicht.

Der Vorgarten

Der Vorgarten dient nicht wie früher Repräsentationszwecken und wird auch meist nicht mehr von einer Mauer, einer dichten Hecke oder einem Zaun eingefaßt, die den Vorübergehenden den Einblick und natürlich den Zutritt verwehren sollten.

Ein Vorgarten wird heute mehr und mehr als das freundliche Entree verstanden, als Vorraum des Hauses, der Wohnung. Er soll den heimkehrenden Hausbewohner und natürlich auch den Besucher einstimmen auf Behaglichkeit und Gastlichkeit, die nicht erst hinter der Haustür beginnen.

Wie man seinen Vorgarten im einzelnen gestaltet, das hängt natürlich vor allem davon ab, wie groß die vor der Haustür zur Verfügung stehende Fläche ist und welchen Zuschnitt sie hat. Da muß zunächst einmal der Weg ins Haus gepflastert werden. Das geschieht je nach Stil des Hauses und auch mit Blick auf den Bodenbelag im Eingangsbereich entweder mit Kleinpflaster, Klinker, mit frostbeständigen Fliesen, Beton- und Natursteinen oder Ziegeln. Für die Gestaltung im einzelnen kann man sich im Fachhandel Anregungen in Fülle holen. Liegt der Eingangsbereich etwas höher als der Vorgarten, so daß er durch Stufen zugänglich gemacht wird, ergeben sich angesichts einer auch noch so geringen Hanglage weitere interessante Möglichkeiten, zum Beispiel zu terrassieren und durch unterschiedlich hohe Bepflanzung die verschiedenen Ebenen hervorzuheben.

Ist der Vorgarten sehr klein, kann man überlegen, ob nicht das Ganze als Stein- oder sogar Geröllgarten angelegt werden sollte, der nur sehr sparsam bepflanzt wird und mehr durch bizarre Formen als durch Farbe ins Auge sticht. Die Bepflanzung des Vorgartens hängt

So freundlich kann das Entree eines Hauses durch blühende und grünende Pflanzen sein.

außer von der Größe natürlich auch von der Lage ab. Im allgemeinen bekommt dieser Teil des Gartens nur wenig Sonne, da ja das Haus vernünftigerweise so im Grundstück steht, daß die hinten gelegenen Wohnräume möglichst viel Sonnenschein abbekommen. Die Bepflanzung wird sich deshalb auf Pflanzen beschränken müssen, die ohne allzu viel Sonnenlicht auskommen. Das sind unter den Ge-

Die Visitenkarte des Hauses: der Vorgarten.

hölzen in erster Linie Felsenmispel und Rhododendron, auch Azaleen und einige Zwergkoniferen. Damit das Bild nicht zu düster wird, sollte man mit Zwiebelblumen und Einjährigen den ganzen Frühling, Sommer und Herbst lang Farbe in den Vorgarten bringen. Im Eingangsbereich sehen auch Kübelpflanzen und natürlich Kletterpflanzen wunderschön aus. Letzteren gibt man mit Hilfe eines Spaliers oder Gitters die nötige Kletterhilfe.

Nur wenn der Vorgartenbereich sehr groß und, bei einem großzügig bemessenen Grundstück, bereits Teil des Gartens ist, sollte man Rasen anlegen. In den zu Reihen- oder Atriumhäusern oder auch zu Mehrfamilienhäusern gehörenden Vorgärten kommt Rasen oder Wiese aber kaum in Frage.

Auch für größere Bäume ist in kleinen Vorgärten kein Platz, denn sie nehmen, da sie allzu nah ans Haus rücken müssen, den nach vorn liegenden Räumen zuviel Licht oder reichen mit ausladenden Ästen zu weit auf den Gehsteig hinaus.

Vorgärten sind meist der letzte Posten im Baubudget und entsprechend stiefmütterlich ist ihre Gestaltung. Dabei lohnt es sich, dem Eingangsbereich besondere Aufmerksamkeit zu schenken. Er vermittelt schließlich dem Ankommenden und dem Weggehenden den ersten bzw. den letzten Eindruck vom Haus und seinen Bewohnern.

Variationen zum Thema »Kleiner Garten«

Als Besitzer oder Benutzer eines kleinen Gartens sollte man darauf verzichten, von allem etwas zu wollen; also ein bißchen Heidegarten, ein bißchen Wassergarten, ein bißchen Bauerngarten, dazu Gehölze und Stauden, Koniferen und Laubbäume. Bei begrenzten Abmessungen liegt die Ideallösung sicherlich in der Beschränkung auf ein oder zwei Themen.

Unter welches Motto man seinen Garten schließlich stellt, hängt nicht nur von der persönlichen Vorliebe, sondern auch von der Umgebung, der Landschaft ringsum, von den klimatischen Bedingungen und der Bodenbeschaffenheit ab. Ganz wichtig ist die Zahl der Sonnenstunden, die der Garten abbekommt. Gelangt man nach reiflicher Überlegung zu dem Schluß, daß dieser oder jener Themengarten am besten den eigenen Wünschen und den räumlichen Gegebenheiten entspricht und gut zum Haus und zur näheren Umgebung paßt, dann sollte man ganz konsequent an seine Realisierung gehen.

Alles fängt damit an, daß man sich einen Plan zeichnet und zwar im richtigen Maßstab, und daß man den künftigen Garten zuerst einmal auf dem Papier einrichtet. Das setzt voraus, daß man eine Vorstellung davon hat, wie der fertige Garten aussehen soll, gleich nach Abschluß der Arbeiten, aber auch ein paar Jahre später, wenn Bäume und Sträucher herangewachsen sind. Dazu sollte man ähnliche Gärten schon einmal gesehen haben, sei es in der Nachbarschaft, bei Freunden, vielleicht auch nur auf Bildern.

Als erstes legt man fest, wo es im Garten Sitzplätze, wo einen Wasseranschluß geben soll, wo die Gartengeräte und der Komposthaufen Platz finden, wo die Kinder einen Sandkasten bekommen. Dann müssen diese Punkte durch Wege verbunden werden.

Bei dieser Planungsarbeit werden unter Umständen Gesichtspunkte deutlich, die gegen die Realisierung eines bestimmten Themengartens sprechen, zum Beispiel weil nicht genügend Spielfläche für die Kinder bleibt, weil er für Haustiere ungeeignet ist usw.

Auf jeden Fall führen die intensive Beschäftigung mit dem Garten und die detaillierte Planung dazu, daß man nichts Überflüssiges einkauft und nicht zuviel pflanzt. Auf dem Papier lassen sich nämlich Pflanzabstände genau einhalten, und man kann nachzählen, wieviel Rosen oder Zwergkoniferen auf einem Beet, einer Rabatte Platz haben.

Im folgenden sollen ein paar Möglichkeiten zur Gestaltung des kleinen Gartens durchgespielt werden, mit Vorschlägen für die Einrichtung und die Bepflanzung.

Ein kleiner Garten mit vielen Stauden

Wenn man einen Staudengarten plant, so heißt das natürlich nicht, daß darin außer Stauden keine anderen Pflanzen, keine Bäume oder Sträucher, keine Zwiebelblumen, Gräser oder Farne Platz hätten.

Stauden sollen aber dominierendes Element sein und dem Garten sein Gesicht geben. An ihnen soll sich der Wechsel der Jahreszeiten ablesen lassen, von ihnen der Garten Struktur und vor allem Farbe bekommen.

Stauden sind neben den Gehölzen das Beständigste, was man im Garten haben kann. Sie werden an einen bestimmten Platz gesetzt und bringen dort, wenn ihnen der Standort behagt, jahrelang ihre Blüten hervor. Im Spätherbst, also am Ende der Vegetationsperiode, welken die oberirdischen Teile ab, und übrig bleibt der unterirdische Wurzelstock, das Rhizom. Es dient sozusagen als Speicher der Baustoffe, die der Pflanze im kommenden Frühjahr zu neuem Sprießen und Blühen verhelfen. An seiner Unterseite bilden sich die Wurzeln ins Erdreich.

Stauden brauchen einen gut vorbereiteten, tiefgründig gelockerten Boden; das Beet oder der Gartenteil, in dem sie gepflanzt werden, muß also umgegraben und von Unkräutern und Steinen gesäubert werden. Damit die Stauden gleich für mehrere Jahre einen Vorrat an Nährstoffen haben, sollte Mist oder Kompost eingebracht werden.

Bei der Pflanzung muß zwischen

Der ganze Garten ist hier als Staudenbeet angelegt. Im Vordergrund Steppenkerzen als Blickfang.

den einzelnen Pflanzen soviel Zwischenraum bleiben, daß sich die Wurzeln in alle Richtungen ausdehnen und sich die oberirdischen Teile entsprechend ausbreiten können. Günstig ist auch, wenn zwischen den ausdauernden Pflanzen noch hier und da Platz ist, damit dazwischen die Einjährigen, zum Beispiel Ringelblumen oder Zinnien, Mohn oder Flockenblumen, Goldlack oder Sommerastern, mit all ihrer Farbenpracht zum Zuge kommen.

Natürlich wird das Staudenbeet so angelegt, daß die Pflanzen nach ihrer Wuchshöhe abgestuft sind. Große Stauden bilden den Hintergrund, mittelhohe werden davor plaziert, die kleinen beleben den Vordergrund der Blütenszene.

Da die Farben der Stauden noch eindrucksvoller hervortreten, wenn die Pflanzung einen passenden Hintergrund hat, sollte man im Staudengarten dafür sorgen, daß ein paar Zwergkoniferen, je nach Größe des Gartens auch eine größere Kiefer, eine Zypresse oder Scheinzypresse oder ein Säulenwacholder für Kontraste sorgen. Wunderschön heben sich die blühenden Stauden auch vor Lattenzäunen oder einer weißen Mauer ab.

Form und Lage der Staudenbeete sind natürlich abhängig vom Grundriß des kleinen Gartens. Soll ein Reihenhausgarten von handtuchartiger Form optisch verbreitet werden, wird man ein großes

Reich bewachsenes erhöhtes Beet im Staudengarten.

Staudenbeet über fast die ganze Breite des Gartens so anlegen, daß dahinter Platz für ein paar kontrastierende Gehölze und eventuell auch für einen abgeschirmten Nutzgartenbereich bleibt. Das Staudenbeet sollte aber nur so tief sein, daß man es gut bearbeiten kann. Vor den Stauden bleibt dann entweder noch Raum für ein Rasenstück oder eine mit Bodendekkern bepflanzte Fläche, in die Trittplatten eingelassen sind, oder man erwägt bei sehr kleinen Gärten, auf Rasen oder rasenersetzendes Grün ganz zu verzichten und statt dessen Platten zu verlegen. Damit die steinerne Fläche nicht zu groß ist, sollte sie von kleinen Staudenpflanzungen, zum Beispiel mit den leuchtend bunten Polsterstauden, unterbrochen sein.

Denkbar ist in einem sehr kleinen Garten auch ein in der Mitte plaziertes großes rundes Staudenbeet, das die ganze Anlage beherrscht und von einem Plattenweg eingerahmt wird. An den Gartenseiten und hinten, unmittelbar am Zaun, sehen dann kleine Gehölze sehr dekorativ aus. Ist der Garten nicht allzu langgestreckt, sondern eher quadratisch, kann man die Staudenbeete auch an die Seiten verlegen, wo sie dem Garten mit einer Rasenfläche in der Mitte, einen besonders freundlichen und attraktiven Rahmen geben. Der Rasen aber sollte durch Trittsteine oder kleine Wege, die ihn durchschneiden, gegliedert sein. Ein weiteres Staudenbeet bietet sich natürlich in unmittelbarer Nähe des Sitzplatzes auf der Terrasse oder rund um einen Sitzplatz in einer entlegenen Ecke des Gartens an. Man möchte die Blütenpracht schließlich so nah wie möglich heranholen und nicht nur Farben, sondern auch Düfte genießen, wie sie von vielen blühenden Stauden ausgehen.

Reizvoll sind gerade in kleinen Gärten Höhenunterschiede, die das kleine Grundstück gliedern. Gibt es keine natürlichen Niveauverschiebungen, kann man der Natur etwas nachhelfen und zum Beispiel an der hinteren Grundstücksgrenze einen kleinen Hang aufschütten, auf dem sich ein prachtvolles Staudenbeet einrichten läßt. Dekorativ und fesselnd fürs Auge wirkt auch ein erhöhtes Beet oder ein Mauerbeet, auf dem für viele farbintensive Stauden Platz ist.

Auch im Staudengarten sollte man sich die Formschönheit von Gräsern und Farnen zunutze machen. Erstere passen perfekt zwischen oder in die Nachbarschaft von Blütenstauden; Farne aber kaschieren schattige Ecken, einen Platz unter Bäumen und sehen auch im Schatten einer Gartenmauer gut aus.

Wer im Umgang mit Stauden schon etwas weiter fortgeschritten ist, der kann seinen Garten – und diese Möglichkeit ergibt sich vor allem beim kleinen Garten – auch »Ton in Ton« anlegen. Da schafft man sich zum Beispiel ein kleines Gartenparadies in Blau und Weiß oder einen Staudengarten in allen Schattierungen von Rot.

Wichtig ist auch, daß man die Blühfolge im Staudenbeet im Griff hat. Wenn man es geschickt anstellt, steht während der ganzen Vegetationsperiode, also vom Frühjahr bis in den Spätherbst etwas in Blüte. Für den Vorfrühling plant man außerdem Zwiebelblumen ein. Auch sollte man Ein- und Zweijährige ins Staudenbeet oder seine Umgebung miteinbeziehen.

Die Einjährigen spielen auch im Staudengarten eine wichtige Rolle.

Ein bißchen Pflege muß sein

Damit es im Staudengarten im Frühling, Sommer und Herbst üppig blüht, muß man natürlich für Nährstoffzufuhr sorgen und mindestens alle vier Wochen einen Volldünger verabreichen. Wichtig ist auch, daß Verblühtes sofort ausgezupft oder abgeschnitten wird, weil sonst die Blühfreudigkeit nachläßt. Manche der schönsten Stauden kommen zu einer zweiten Blüte, wenn man sie nach der ersten gleich zurückschneidet. Das gilt vor allem für Margeriten, Lupinen, Akelei, Mohn und Rittersporn.

Der Staudengarten im Schatten

Nicht jeder kleine Garten liegt auf der Sonnenseite, und manch ein Gartenbesitzer hat vielleicht sogar das seltene Glück, daß einer oder mehrere alte Bäume sein Grundstück beschatten. Auch er braucht auf einen Staudengarten nicht zu verzichten. Denn es gibt eine Menge Stauden, die sich im Schatten oder Halbschatten wohler fühlen als in praller Sonne.

Das sind vor allem Stauden, die eigentlich im Wald oder am Waldrand zu Hause sind, also Wildstauden. Zu den schönsten gehören Leberblümchen, Funkien, Fingerhut, Waldgeißbart, Trollblume, Wolfsmilch, Waldanemone, Moossteinbrech u. v. a. Man holt sie sich natürlich nicht einfach aus dem Wald in den Garten, sondern erwirbt sie in einer gut sortierten Staudengärtnerei. Wo im örtlichen Fachhandel Wildstauden nicht angeboten werden, kann man sie bei Spezialversendern bestellen.

Darüber hinaus gibt es inzwischen auch spezielle Züchtungen für den Schattenbereich, die sich an Farbenpracht hinter den Prachtstauden keineswegs zu verstecken brauchen. Da sind zum Beispiel Prachtspieren und Eisenhut, Tränendes Herz und Akelei und fürs Frühjahr vor allem die Kissenprimeln, die auch dem schattigen Garten die gewünschten Farbakzente geben, wenngleich hier das Grün dominieren und die Farbpalette etwas gedämpfter sein kann. Wunderschön sind in schattigen Gärten Anpflanzungen von Farn und auch von Gräsern, die keine volle Sonne mögen.

So werden Stauden vermehrt

Wenn man vorhat, das Staudenbeet im kommenden Jahr auszuweiten, ein neues Staudenbeet anzulegen oder etwas von seinen Schätzen zu verschenken, kann man die meisten Stauden problemlos teilen.

Man hebt im Herbst, wenn die letzten Blüten verwelkt sind, die Stauden mit Hilfe der Grabgabel aus der Erde und bricht den Erdballen in mehrere Teile. Notfalls kann man ihn auch mit dem Spaten zerteilen. Wichtig ist natürlich, daß jeder Teil bewurzelt ist und Knospen für neue Triebe hat. Hat man es mit einer alten Staude zu tun, die schon viele Jahre an ihrem Platz ausgeharrt hat, sollte man Teilstücke nicht aus der Mitte der Pflanze, sondern nur von ihrem Rand wiederverwenden.

Es ist in jedem Fall günstig, die Stauden alle zwei bis drei Jahre von ihrem Platz wegzunehmen und Teilstücke davon an einem anderen Standort wiedereinzusetzen; andernfalls zeigen sich Alterserscheinungen, und die Blühfähigkeit läßt nach. Auch sollte nicht eine bestimmte Staude am immer gleichen Ort stehen, sondern alle paar Jahre durch eine ganz andere ersetzt werden.

Staudenauswahl

Folgende Stauden sind gerade für den kleinen Staudengarten interessant, da sie Zwergformen haben oder überhaupt niedrig bleiben. Große Stauden kommen im kleinen Garten praktisch nur als Hintergrundbepflanzung oder als herausgehobene Solitäre in Frage.

Aster

In fast allen Farben des Regenbogens erfreuen uns die fleißigen Herbstblüher, die man auch für die Vase schneiden kann.
Astern, die zu den Korbblütlern *(Compositae)* gehören, brauchen zum Gedeihen und für eine üppige Blüte einen sonnigen bis halbschattigen Platz. Sie müssen, zumal in trockenen Sommern, regelmäßig gegossen werden. An den Boden stellen sie keine besonderen Ansprüche.
Astern vermehrt man am besten durch Teilung nach der Blüte. Junge Triebe werden mitsamt den Wurzeln abgetrennt.
Die Pflanzen können bis zu 10 Jahre an ihrem Platz stehenbleiben, wenn sie gelegentlich mit Nährstoffen versorgt werden.

Christrose
(Helleborus)

Die Christrose wird sozusagen vom ersten Winterhauch aus ihrem Sommerschlaf geweckt und beginnt zu blühen, genau zum Christfest und wenn alle anderen Blumen die kalte Dezemberluft scheuen. Die Christrose, sie ist ein Hahnenfußgewächs *(Ranunculaceae)*, stammt aus dem Mittelmeerraum und war schon im Altertum bekannt.
Sie braucht eine halbschattige Stelle im Garten und mag gern kalk- und lehmhaltige Böden. Vor Wind will sie auf jeden Fall geschützt sein, am besten durch Büsche, Bäumchen oder eine Hecke. Für feuchten Untergrund muß aber immer gesorgt sein.
Die Christrosen werden dann nach der Blüte durch Teilung vermehrt.

Lupine
(Lupinus)

Lupinen gehören zu den wichtigsten Gründüngungspflanzen. Sie werden angebaut, um unterge-

Astern gehören zu den beliebtesten Farbenspendern im Staudenbeet des kleinen Gartens.

pflügt oder -gegraben zu werden und so den Boden zu verbessern.
Die bei uns in den Gärten anzutreffenden Lupinen blühen meist im Juni, Juli und August.
Lupinen, die zu den Schmetterlingsblütlern (Leguminosae) gehören, brauchen viel Sonne und einen durchlässigen Boden. Sie vertragen Nässe absolut nicht. Auch zuviel Kalk im Boden beeinträchtigt die Blühfreudigkeit. Die einjährigen Pflanzen werden im Frühjahr ausgesät. Stauden kann man durch Teilung im Frühjahr vermehren.

Maiglöckchen
(Convallaria)

So schön das Maiglöckchen – es gehört zu den Liliengewächsen *(Liliaceae)* – ist und so betörend es duftet, so giftig ist es auch. In einem Garten, in dem Kinder spielen, sollte man tunlichst darauf verzichten. Es wird nur etwa 20 Zentimeter hoch, hat verzweigte Wurzelstöcke und meist nur zwei bis drei große Blätter. Die Pflanze ist winterhart.

Blütezeit für Maiglöckchen ist Mai. Im Garten gedeihen sie am besten an etwas beschatteten Standorten. Der Boden soll sandig-lehmig oder humos sein und auch etwas Kalk enthalten.
Die Vermehrung erfolgt am besten durch Teilung im Herbst oder Frühjahr.

Primel

(Primula)

Primeln aus der Familie der Primelgewächse *(Primulaceae)* werden schon vom Spätwinter an in vielen Farben in Töpfchen angeboten. Aber ebenso hübsch sind die Frühlingsblüher im Garten. Die Blätter der Primeln bilden bodenständige Rosetten, die Blüten haben unterschiedlichste Formen und Farben. Bei uns ist die Kissenprimel die beliebteste. Kissenprimeln werden etwa 10 Zentimeter hoch und blühen besonders üppig und reich im März und April. Sie bevorzugen Halbschatten, sind aber sonst sehr anspruchslos. Die Gartenaurikeln brauchen ebenfalls einen halbschattigen Platz und viel Feuchtigkeit. In trockenen Sommern muß man reichlich gießen. Alle zwei Jahre kann man sie vier- bis fünffach teilen. Die Doldenprimeln sind anspruchslos und haben einen Blütenschaft mit vielblumigen Dolden. Die Kugelprimeln bevorzugen einen halbschattigen Platz auf nicht zu fettem Boden. Etagenprimeln sind hochwachsende Arten. Sie brauchen feuchten, lehmig-humosen Boden. Mehrprimeln sind wegen der mehlartig bezogenen Blätter zu ihrem Namen gekommen. Sie bevorzugen halbschattige Standorte und feuchten Boden. Glockenprimeln sind besonders widerstandsfähig.

Rittersporn

(Delphinium)

Für das Blau im Staudenbeet sorgt vor allem der Rittersporn mit seinen prachtvollen Rispen voll gespornter Blüten. Es gibt diese Staude aus der Familie der Hahnenfußgewächse *(Ranunculaceae)* in allen Blautönen, aber auch in Rosa oder Weiß; die bis 150 Zentimeter hohen Pflanzen sind unverzichtbarer Bestandteil jedes Staudengartens. Im Staudenbeet finden sie natürlich einen Platz in der hintersten Reihe, da sie andere Blütenstauden überragen. Sie wünschen sich einen sonnigen Standort, um all ihren Blütenflor entfalten zu können. Blütezeit ist Juli und August. Wenn man sie aber gleich nach dem Abwelken der Blüten kräftig zurückschneidet, erlebt man eine zweite Blüte.
Vom Rittersporn gibt es einjährige Arten und außer den Gartenstauden auch noch Wildstauden, die

Rittersporn bildet die leuchtendblaue Kulisse für das Rasenstück.

Sonnenhut bringt strahlendes Gelb ins Staudenbeet und blüht den ganzen Sommer lang.

vor allem im Naturgarten oder Steingarten prächtig aussehen. Wilder Rittersporn wird nur etwa 40–60 Zentimeter hoch. Auch er kommt nach dem Rückschnitt zu einer zweiten Blüte. Die wichtigsten Wildarten sind *D. grandiflorum* mit hellblauen Blüten und *D. cashmerianum* mit Blüten in dunklem Lila.

Von den Gartenstauden des Rittersporns gibt es zahlreiche Hybriden in vielen Farben und Wuchshöhen. Man sollte sie immer in größeren Gruppen pflanzen und zur Zeit der Blüte aufbinden, damit die hohen

Stengel unter der Last der Blüten nicht umfallen. Im Sommer muß man reichlich gießen. Gedüngt wird Rittersporn vor dem Austrieb im Frühjahr. Die Stauden können problemlos geteilt werden.

Sonnenhut
(Rudbeckia)

In goldgelber Pracht präsentiert sich die üppig blühende Pflanze aus der Familie der Korbblütler *(Compositae)*, die bis 50 cm hoch wird und für leuchtendgelbe Farbkleckse sorgt. Sie braucht einen sonnigen Standort und blüht im Spätsommer (August, September). Die großblättrige Staude bringt zahllose gelbe Blüten hervor und ist deshalb häufig in unseren Gärten anzutreffen. Sie braucht einen sonnigen Platz im Staudengarten. Verblühte Blumen schneidet man laufend ab, damit es zur Nachblüte kommt. Wichtig ist, die Horste alle drei Jahre zu teilen, weil sonst die Blühkraft nachläßt. Danach bekommt der Sonnenhut einen anderen Platz und frische Erde.

Vergißmeinnicht
(Myosotis)

Es zählt zu den beliebtesten Blütenpflanzen im Frühlingsgarten und ist relativ problemlos zu kultivieren. Die zahlreichen Arten des Vergißmeinnichts, das übrigens zu den Borretschgewächsen *(Boraginaceae)* gehört, sind Ein- und Zweijährige oder Stauden mit den charakteristischen blauen Blüten. Die Pflanzen brauchen viel Feuchtigkeit und lieben einen lehmig-humosen Boden, der gut Wasser halten kann. Bei trockenem Wetter müssen Vergißmeinnicht reichlich gegossen werden.
Wer schon jetzt im Mai, also während der Blütezeit, an die blaue Farbenpracht des kommenden Jahres denkt, der vermehrt durch Aussaat von Ende Juni bis Ende Juli. Die Sämlinge werden vereinzelt und im Frühherbst ausgepflanzt. Der Abstand sollte 15 Zentimeter betragen. Leichter Winterschutz mit Fichtenreisig ist günstig.

Winterling
(Eranthis)

Wenn der Februar in die zweite Hälfte geht, tut sich etwas unterm Schnee oder in dem inzwischen schon schneefreien Boden. Mit leuchtendgelben Blütenblättchen erscheinen die ersten Winterlinge. Allerdings halten die Pflanzen bei trüber Witterung ihre Blüten verschlossen und öffnen sich nur, wenn sie durch ein paar Sonnenstrahlen gereizt werden. Sie passen gut zu Schneeglöckchen und Blausternen und sehen wunderschön unter Koniferen und anderen Immergrünen aus; sie geben dem Garten im Februar die erste

Farbe. Der Winterling ist Mitglied der Familie der Hahnenfußgewächse *(Ranunculaceae)*. Die Blätter erscheinen meist erst nach der Blüte. Die Blüten leuchten in allen Schattierungen von Gelb.

Es gibt drei verschiedene Winterlinge, die sich auch durch ihre Blühzeiten unterscheiden. *E. hyemalis*, 15–20 Zentimeter hoch, blüht als erste. Anschließend entfaltet *E. cilicica* ihre prächtigen Blüten. Eine Kreuzung aus beiden *E. tubergenii* gehört ebenfalls zu den Frühblühern und erfreut als sterile Pflanze besonders lange mit ihrem Blütenschmuck.

Winterlinge sind, obwohl sie eigentlich aus dem Mittelmeerraum stammen, frosthart; sie begnügen sich mit Gartenerde oder auch sandig-humosem Boden, wollen aber genügend Feuchtigkeit, vor allem während der Blütezeit.

Der kleine Garten als Alpinum

Natürlich ist nicht jeder Garten zum Steingarten geeignet; doch kann man in vielen Fällen die Bedingungen, die man auf seinem Grundstück vorfindet, so verändern, daß die Anlage eines Alpinums lohnend erscheint. Besonders günstig für die Steingartenflora ist eine gewisse Abschüssigkeit des Geländes, die es erlaubt, Terrassen anzulegen. Bei kleinen Hanggrundstücken, vor allem wenn sie gut besonnt sind, sollte man deshalb eine solche Anlage von Anfang an ins Auge fassen. Die unbedingt notwendige Wasserdurchlässigkeit des Bodens kann man, wo sie natürlicherweise nicht vorhanden ist, am sichersten durch Austauschen von Bodenschichten erreichen.

Was man darüber hinaus braucht? Große und weniger große Steine, die möglichst aus der Umgebung des Gartens stammen, also Teil der Landschaft sind und diese prägen.

Der Ideal-Steingarten

Das günstigste Gelände für den Steingarten ist ein Südhang, denn die meisten Alpinpflanzen, die den Garten bald lebendig machen sollen, brauchen Sonne. Nun wird man es im Reihenhausgarten und erst recht im Atriumgarten kaum mit abschüssigem Gelände zu tun haben. Deshalb braucht man aber die Steingartenidee keineswegs aufzugeben. Allerdings müssen zwei andere Voraussetzungen unbedingt erfüllt sein: Schutz vor kaltem Wind und vor Tropfenfall von Bäumen und Sträuchern. Auf beides reagiert die Steingarten-Bepflanzung empfindlich.

Hat man es zum Beispiel im Reihenhausgarten mit einer ebenen Fläche zu tun, sollte man als erstes für Windschutz sorgen, entweder durch Pflanzung einer Hecke, durch Errichtung eines Zauns, den Kletterpflanzen oder auch verschiedene Gehölze kaschieren können oder einer Mauer, die ihrerseits durch Bepflanzung lebendig werden kann. Bei all diesen Maßnahmen sollte man sich zuvor mit dem Nachbarn besprechen, weil sich Zaun, Mauer oder Hecke in Gemeinschaftsarbeit anlegen lassen und dann beiden Seiten gute Dienste leisten können.

Die für die Anlage nötigen, möglichst imposanten Steine – kleine Exemplare wirken eher verloren – besorgt man sich am besten in einem Steinbruch in der Nähe. Man wird sie kaum selbst transportieren können, sondern muß sie anliefern lassen. Damit man den Bedarf einschätzen kann, sollte man sich vorher einen Plan machen.

Am leicht abfallenden Gelände schafft man durch entsprechende Erdbewegung Terrassen, auf denen man die Steine plaziert, und zwar so, daß sie einige Zentimeter tief in den Boden hineinreichen; sie sollen ja so aussehen, als ob sie an diesem Platz schon immer gelegen, also sozusagen Wurzeln geschlagen hätten. Man legt die Steine mit der Breitseite auf und läßt sie nicht wie Nadelspitzen aufragen. Nur so ist die nötige Stabilität gewährleistet.

Auf ebenem Gelände legt man mehrere Reihen von möglichst großen, schön geformten Steinen hintereinander, am besten so, daß sie Bogen oder Kreise bilden. Dazwischen kann man Erde auffüllen und Pflanzen setzen. Gewisse Unregelmäßigkeiten der Oberfläche unterstreichen den »natürlichen«, gewachsenen Eindruck.

Bevor man aber die Steinfuhre aus Steinbruch oder Baumschule anrollen läßt, muß der Boden bereitet werden. Das fängt mit einer Aktion zur Unkrautbeseitigung an, denn Unkräuter, die nicht mit allen Wurzeln entfernt sind, bevor die Steingartenpflanzung angelegt wird, werden zu einer immerwährenden Plage, denn später ist zwischen Steinen und Polsterstauden das Jäten fast unmöglich.

Da nichts den Steingartenpflanzen so abträglich ist wie stehende Nässe, muß von Anfang an dafür gesorgt werden, daß der Wasserabfluß funktioniert. Ist der Boden nicht besonders durchlässig, muß man ihn etwa 25–30 Zentimeter tief abtragen, durch kieshaltigen, steinigen Boden ersetzen und darüber eine Schicht nicht zu nährstoffreicher Erde aufbringen. Steingartenpflanzen wünschen sich einen eher kargen Untergrund, weil sie sonst zu sehr in die Höhe und Breite wachsen. Die oberste Erdschicht sollte deshalb reichlich Sand und nur etwa je ein Viertel Lehm und Kompost enthalten. Als Dünger empfiehlt sich etwas Hornmehl. Nachdem die Steine verlegt und die Pflanzen eingesetzt sind, wird der freibleibende Boden mit einer Kies- oder Splittschicht abgedeckt.

Pflegemaßnahmen: Der einmal mit beträchtlichem Aufwand angelegte Steingarten braucht später nur noch sehr wenig Pflege. Natürlich muß Unkraut, wo es sich zwischen den Pflanzen zeigt, möglichst sofort entfernt werden, damit es keine Möglichkeit zu weiterer Verbreitung hat. Abgeblühtes schneidet man zurück; das gilt vor allem für die Polsterstauden, die immer wieder einen kräftigen Rückschnitt brauchen. Schließlich soll im Steingarten, der von der Schönheit und Harmonie der Formen lebt, nichts wuchern. Auch die alpine Vegetation ist ja eher sparsam und karg.

Zusätzliches Gießwasser brauchen die Steingartenpflanzen nur in sehr trockenen Sommern. Am besten beregnet man die Anlage von Zeit zu Zeit, damit der Boden gut durchfeuchtet wird.

Im Herbst muß Abgeblühtes und Laub entfernt, müssen empfindliche Pflanzen abgedeckt werden. Blütenstauden brauchen um diese Zeit eine Gabe aus Horn- oder Knochenmehl, die man unter der Kiesschicht in den Boden einbringt. Der Kies oder Splitt muß zu diesem Zweck vorher etwas zur Seite geschoben werden.

Weitere Möglichkeiten

Soll der Steingarten nicht die gesamte Fläche des kleinen Gartens einnehmen, kann man ihn auch in ein Rasenstück münden lassen; doch empfiehlt es sich dann, einen Kiesweg oder einen Plattenweg zwischen beiden Bereichen anzulegen. Ist, wie beim Reihenhausgarten, das Grundstück länger als breit, wird diese Teilung natürlich nicht der Länge nach, sondern in der Breite vorgenommen, weil sonst der Garten optisch noch mehr in die Länge gestreckt würde. Man kann den Steingarten aber auch in ein Moor- oder Sumpfbeet übergehen lassen, die einen Gartenteich einschließen. Wassergarten und Steingarten ergänzen sich nämlich sehr gut. Einzelheiten dazu sind im Kapitel über den Wassergarten (Seite 75 ff) nachzulesen.

Ist der Garten ganz besonders klein, wirkt er also fast wie eine Verlängerung der Terrasse, gibt es verschiedene Möglichkeiten einer

Ein Hang läßt sich mit Hilfe von Steinen, Polsterstauden, Steingartenpflanzen und Zwiebelblumen gestalten.

Steingartenanlage. Man legt zum Beispiel einen Geröllgarten an, der aus einer Aufschüttung von grobem Gestein und größeren Felsbrocken besteht, aus der Zwergformen von Koniferen und Gehölzen, aber auch von Steingartenstauden hervorwachsen. Unbedingt erforderlich ist hier guter Wasserabzug. Wer den gesamten Garten sozusagen als Verkehrsfläche nutzen will, tut gut daran, sich einen Plattengarten anzulegen. Dann wird der ganze Garten zu einer großen Terrasse, die Platz bietet für Pflanzungen in ausgesparten Zwischenräumen, für dekorative, auch mehrfarbige Pflasterung, für die Aufstellung von Kübelpflanzen und Troggärten, für einen Springbrunnen oder Gartenteich, und die trotzdem die Atmosphäre eines Gartens, des Plattensteingartens eben, vermittelt. Hier können überall aus den Steinen alpine Pflanzen hervorlugen, auch sind Zwergstauden, Polsterstauden, kleine Koniferen oder Bonsai-Bäumchen am Platze; man setzt Pflanzen ein, die für die durch den Stein gespeicherte Wärme empfänglich sind. Allerdings braucht man, bevor die Platten im Sand verlegt werden, darunter eine Schicht Erde, wie sie auch im Steingarten eingebracht wird (siehe Seite 47).

Beim Verlegen der Platten sind der Phantasie und dem Gestaltungswillen kaum Grenzen gesetzt. Am schönsten sind sicher Natursteine, doch kann man auch mit Kunststeinen interessante Effekte erzielen. Zwischen einzelnen Steinen oder Steinstreifen oder -kreisen kann man immer wieder Pflanzräume aussparen.

Die Bepflanzung des Steingartens

Gerade im kleinen Garten ist es wichtig, daß man die Pflanzung des Steingartenbereichs genau plant, damit größere Pflanzen die kleinen nicht verdecken oder überwuchern, damit der Garten vor allem nicht zu dicht besetzt ist. Auch sollen die Steine, die dem Ganzen ja Halt geben, nicht ganz überwachsen werden.

Planung ist auch deshalb notwendig, damit der Garten im Frühling, Sommer, Herbst und Winter gleichermaßen attraktiv ist. Im Frühjahr sollen Zwiebelblumen für erste Farbe sorgen, im Sommer und Herbst die blühenden Stauden den Garten lebendig machen, ohne daß er also bunt wirken müßte. Für den Winter braucht man das Immergrün einiger Zwergkoniferen. Im schattigen Bereich des Geröllgartens oder einer Mauer sollte man ein paar Farne ansiedeln, und formschöne, zierliche Gräser haben, vor allem im Plattensteingarten, ihre wichtige Funktion.

Im folgenden sind die Gehölze, Stauden, Farne und Gräser zusammengestellt, die in den Steingarten passen und die man sich in beliebiger Auswahl für seine Zwecke zusammenstellen kann.

Blaukissen

(Aubrieta)

Sie gehört zu den Lieblingen unter den Polsterstauden, die sich sowohl für den Steingarten als auch das Staudenbeet eignen, weil sie das ganze Frühjahr hindurch ihre leuchtenden blauen Blüten zeigt und Steine, Wegränder oder Mauern mit ihren Polstern überzieht. Die niedrige, nur 15–20 Zentimeter hoch wachsende Staude gehört zur

Prachtvoll eingewachsener Steingarten an einem felsigen Hang.

Familie der Kreuzblütler *(Criciferae)*. Man kann sie je nach Sorte in verschiedenen Farbtönen beziehen und so den Frühlingsgarten in eine Wolke von Blau hüllen. Besonders schön sehen dazu natürlich die Zwiebelblumen aus, rote Tulpen beispielsweise oder gelbe Narzissen. Im Steingarten ist Blaukissen ein belebendes Element inmitten der sonst eher stillen Farbpalette der Steingartengewächse. Wenn die Blütezeit vorbei ist, sollte man den Aubretien einen kräftigen Schnitt verpassen, weil sie sonst im folgenden Frühjahr zu hoch stehen, um füllige Polster zu bilden. Die Stauden wünschen sich

einen sonnigen Platz und nicht zu feuchten, durchlässigen Boden, der möglichst auch Kalk enthalten sollte.
Die Vermehrung ist beim Blaukissen ganz einfach. Man hebt die ganze Staude im zeitigen Frühjahr heraus, teilt sie in mehrere Stücke und setzt diese zunächst in Töpfe. Sobald sich genügend neue Wurzeln gebildet haben, kommen sie an ihren endgültigen Standort.

Blaustrahlhafer

(Helictotrichon sempervirens)

Gräser und vor allem der Blaustrahlhafer passen vorzüglich ins Ambiente des kleinen Steingartens, wo die blaugrünen Halme mit den hängenden Blütenrispen ganz besonders gut zwischen Steinen oder in der Nachbarschaft von Blütenstauden aussehen. Mit 50 Zentimetern Höhe wird der Blaustrahlhafer, der zu den Gräsern *(Gramineae)* gehört, zwar relativ groß, doch fügt er sich ausgezeichnet in die Umgebung und wirkt dank seiner filigranen Struktur keineswegs dominierend. Außerdem behagen ihm die Bedingungen des Steingartens sehr; er braucht Sonne und durchlässigen, nicht zu feuchten Boden. Besonders apart sieht die ausdauernde Pflanze an kalten Wintertagen aus, wenn die zierlichen Halme in Rauhreif eingehüllt sind und in der Sonne glitzern.
Blaustrahlhafer kann viele Jahre am selben Platz verbleiben und durch Teilung, aber auch durch Aussaat vermehrt werden.

Ehrenpreis

(Veronica)

Wenn man einen Garten besitzt, der volle Sonne bekommt und den im Steingarten sowieso unerläßlichen durchlässigen Boden hat, sollte man sich unbedingt Ehrenpreis darin anpflanzen. Je nach Art blüht er den ganzen Sommer hindurch weiß, rosa, lila oder blau. Die 30–45 Zentimeter hoch werdende Pflanze gehört zu den Braunwurzgewächsen *(Scrophulariaceae)*.
Besonders hübsch sieht die Art *V. prostrata* mit ihren blauen vollen Blütenpolstern aus. Von ihr gibt es auch eine weiße Sorte. *V. incana*, die graue Kerzenveronika, hat zu den tiefblauen Blüten silbriggrünes Laub. Sie verschönt den Steingarten schon ab dem späten Frühling mit ihrer Farbenpracht.
V. gentianoides hat eine Rosette, die aus breiten lanzettlichen Blättern gebildet wird, und bringt im Frühsommer schöne, lichtblaue Blütentrauben hervor. Diese Art wird 25–30 Zentimeter hoch.
Von der für den Steingarten eigentlich zu hohen Kerzen-Veronica mit ihren blauen Blütenähren auf langen Stengeln gibt es einige niedrige Sorten, die sehr hübsch zwischen Steinen, aber auch in der Nachbar-

Ehrenpreis, eine besondere Zierde im Steingarten.

schaft von anderen Stauden aussehen. So wird die Sorte »Erika« nur 25–30 Zentimeter hoch und hat zartrosa Blüten.

Man pflanzt Veronica am besten im März oder April. Um ihre Vermehrung muß man sich nicht allzu viele Gedanken machen, denn sie sät sich meist selber aus. Man kann die Staude aber auch durch Teilung vermehren.

Glockenblume

(Campanula)

Auf die hohen Glockenblumenarten mit den großen Blüten sollte man im Steingarten besser verzichten. Sie eignen sich aber für den als Staudengarten gestalteten kleinen Garten. Ideal fürs Alpinum sind die niedrigen Polsterglockenblumen, die zu den Glockenblumengewächsen *(Campanulaceae)* gehören und im Sommer und bis in den Herbst hinein in allen Schattierungen von Blau oder in Weiß blühen. Glockenblumen brauchen einen sonnigen Platz und sehen in der Nachbarschaft von Steinen und kleinen Koniferen besonders gut aus. Man sollte die Blüten nach dem Abwelken sofort abschneiden und hat dann meist das Glück, noch eine zweite Blütezeit zu erleben.

Eine besonders geeignete Art für den Steingarten ist *C. portenschlagiana* mit lichtblauen Blütenglocken, deren Polster nur 15 Zentimeter hoch werden. Sie blüht schon im Frühsommer und ist auch in Lila zu haben. Die Art *C. carpatica* bildet ganze Büschel mit großen Glocken, die blau oder auch weiß sein können. Auch sie bleibt niedrig (bis 25 Zentimeter).

C. poscharskyana breitet sich rasch aus und bildet ganze Kissen mit hellblauen Blüten. Sie wird kaum 20 Zentimeter hoch und hat eine besonders lange Blütezeit. Man kann die Polsterglockenblumen gut teilen, am besten im Frühjahr oder im Herbst.

Grasnelke

(Armeria)

Blüten in Rosa, Hellviolett, Rot oder Weiß bringen die verschiedenen Arten der Grasnelke hervor, die zu den Bleiwurzgewächsen *(Plumbaginaceae)* gehört. Mehrere von ihnen sind für den Steingarten bestens geeignet, da sie niedrig bleiben und Steine oder Mauern mit reizenden Polstern überziehen. Dabei ist die unermüdlich über Monate blühende Pflanze eher bescheiden. Was sie braucht, ist Sonne und durchlässiger Boden. Stehende Nässe nimmt sie dagegen sehr übel. Unter den zahlreichen Arten ist *A. alpina* mit ihren grasartigen Stengeln, die sich zu ganzen Horsten zusammenfinden, und den an Nelken erinnernden kugeligen Blüten mit nur 20–30 Zentimetern Höhe besonders geeignet. Die Blütezeit dauert von Anfang Mai bis in den Spätherbst. Die dunkelrosa Blüten haben bräunliche Hüllblättchen. Nur wenige Zentimeter hoch wird *A. juniperifolia*, die ebenfalls hübsche rosa Blüten hat und steinigen Boden braucht.

Die Art *A. maritima* eignet sich gut als Einfassung von Staudenbeeten, aber auch für Trockenmauern und Steingarten. Sie bildet schöne grüne Kissen, aus denen sich nicht höher als 15–20 Zentimeter die rosa Blüten erheben.

Alle Grasnelken verlieren an Blütenfülle, wenn sie 4–5 Jahre lang an einem Platz gestanden haben. Man sollte sie dann herausnehmen und neue Pflanzen setzen, die man durch Aussaat heranziehen kann.

Hauswurz

(Sempervivum)

Die Hauswurz, die sich in jedem Jahr durch Ablegerpflanzen erneuert, weil sie selbst nur eine Blütezeit überdauert, gehört mit ihren dickfleischigen Blättern und bizarren Formen zum festen Inventar jedes Steingartens. Sempervivum, das zur Familie der Hahnenfußgewächse *(Ranunculaceae)* gehört, findet man in vielen Blattformen und -farben. Sie passen besonders gut in Plattensteingärten, wo die Blattrosetten und Blüten aus den Ritzen quellen. Auch wer sich in seinem kleinen Garten nur einen Trog oder eine große Schale mit Steingartenpflanzen leistet, sollte auf dieses Gewächs mit den hübschen Blüten nicht verzichten.

Wie geschaffen für den Steingarten ist die Art *S. montanum*, die Berg-Hauswurz, mit ihren purpurroten Blüten über den winzigen, nur wenige Zentimeter hohen Blattrosetten. Etwas ganz besonders Apartes unter den Sempervivum-Arten ist auch *S. arachnoideum* mit 8–10 Zentimetern hohen Rosetten, die von einem durchsichtig weißen, spinnwebfeinen Netz überzogen sind. Dazu sehen die rosaroten Blüten dieser Hauswurzart ganz reizend aus.

Ansprüche stellt die Hauswurz praktisch keine, wenn sie genügend Sonne und durchlässigen Boden hat. Die Vermehrung erfolgt, wie gesagt, fast automatisch durch Ablegerrosetten.

Japansegge

(Carex morrowii)

Wenn es im Steingarten auch schattige Ecken gibt, sollte man dieses Riedgrasgewächs *(Cyperaceae)* dorthin setzen. Die bis 40 Zentimeter langen Gräser bleiben auch im Winter grün und sehen selbst bei Schnee und Eis noch hübsch aus.

Die Horste der Japansegge, deren Blätter überhängen, harmonieren mit blühenden Stauden, aber auch mit den Koniferen im Steingarten. Auch Zwiebelblumen sehen in ihrer Nachbarschaft besonders gut aus. Sie ist mit jedem nicht sonnigen Platz, etwa unter einem Baum oder an Zaun oder Hecke, zufrieden.

Japanseggen passen übrigens gut in Tröge oder Kübel, vor allem zusammen mit blühenden Sommerblumen. Auch im Staudenbeet wirken sie sehr gut.

Man kann die Hauswurz auch in einen Troggarten pflanzen.

Johanniskraut

(Hypericum)

Die Pflanze gehört zu den Hartheugewächsen *(Guttiferae)* und ist seit altersher ein hochgeschätztes Heilmittel; auch werden ihr vielerlei Zauberkräfte zugeschrieben. Johanniskraut soll Haus und Hof

Heilkräftiges Johanniskraut.

vor Blitzschlag und anderen Naturgewalten schützen.
Für den Steingarten hält man sich am besten an die Miniaturformen unter den verschiedenen Johanniskrautarten. Sie sind dank ihrer schönen, grünglänzenden Blätter und der dekorativen gelben Blüten eine besondere Zier jedes Gartens. Da die Zwergarten, die man für den Steingarten verwendet, oft etwas frostempfindlich sind, sollte man sie in klimatisch weniger begünstigten Gebieten im Winter mit einer Laubschicht und Fichten- oder Kiefernreisig abdecken.
Besonders hübsch sieht mit seinem blaugrünen Laub und den goldgelben Blüten *H. polyphyllum* aus, eine zierliche Art, die nicht höher als 20–30 Zentimeter wird.
H. coris blüht im Juli/August mit wunderschönen goldgelben Blüten und ist ganz unempfindlich gegen Kälte, verlangt also auch in rauheren Gegenden keine besonderen Schutzmaßnahmen.
Eine besonders winzige Art ist *H. reptans*, die nicht einmal 10 Zentimeter hoch wird und aus deren rotschimmernden Knospen sich leuchtendgelbe Blüten entwickeln.
H. olympicum schließlich, das hübsche graugrüne Büsche von etwa 20 Zentimetern Höhe bildet, blüht zitronengelb.

Kiefer

(Pinus)

Im Steingarten, wie überhaupt im kleinen Garten, sollte man nur kleinformatige Kiefern pflanzen; selbst in rauhen, windigen Lagen eignen sich am besten die Bergkiefern *(P. mugo)*, die ja auch an ihren ursprünglichen Standorten im Gebirge widriger Witterung ausgesetzt sind. Es gibt unter den Bergkiefern niedrige, fast kugelige Formen, die mit ihren dunklen Nadelbüscheln sehr hübsch zu den Polsterstauden oder Zwiebelblumen im Steingarten aussehen.
Auch die Art *P. sylvestris* hat niedrige Formen zu bieten, die kaum mehr als 150 Zentimeter hoch werden und schöne, bläulichgrüne Nadeln tragen. Besonders geeignet ist die Sorte »Pumila«. Interessant sind auch die fast kriechenden Formen, deren Zweige am Boden

Das Alpenleinkraut schmückt sich im Juli und August mit wunderschönen blauen Blüten.

liegen und sich nur sehr langsam ausbreiten. Sie sehen im kleinen Steingarten ebenso apart aus wie im Heidegarten oder im Staudengarten. Ansprüche an Boden und Standort stellen die kleinen Kiefern kaum. Sie wachsen allesamt sehr langsam und erreichen erst nach vielen Jahren ihre endgültige Höhe.

Leinkraut

(Linaria)

Einen nicht zu sonnigen, aber trokkenen Platz im Steingarten wünscht sich diese Staude, die blau oder violett blüht. Sie gehört zu den Rachenblütlern *(Scrophulariaceae)* und hat fürs Alpinum

verschiedene niedrigwachsende Arten zu bieten.
Da ist zum Beispiel *L. pollida*, die nur 5 Zentimeter hoch wird und leuchtend blaue Blüten hat. Da sie im Gebirge zu Hause ist, sagt ihr ein Standort im Steingarten besonders zu. Auch *L. alpina*, das Alpenleinkraut, ist eine Pflanze aus Gebirgsgegenden. Ihre prachtvollen blauen Blüten erinnern an Löwenmäulchen. Sie muß, um zum Blühen zu kommen, auf trockenem Untergrund stehen, da ihr Nässe schlecht bekommt.
Auch das Zymbelkraut *(L. cymbalaria* oder *Cymbalaria muralis)* ist für den Steingarten bestens geeignet. Es wird nicht sehr hoch und gedeiht in den Ritzen einer Trokkenmauer, zwischen Steinen und im Geröll. Es hat an Efeu erinnernde Blätter und lila Blüten.

Der niedrigwachsende Mauerpfeffer.

Leinkraut ist übrigens eine seit alters her geschätzte Heilpflanze.

Mauerpfeffer

(Sedum)

Wie schon ihr Name sagt, ist diese Staude aus der Familie der Dickblattgewächse *(Crassulaceae)* mit einem Standort an Mauern oder Steinen sehr zufrieden. Nur sollte der Platz sonnig und nicht zu feucht sein. Vor allem stehende Nässe schadet dem Mauerpfeffer. Übrigens weist der zweite deutsche Name der Pflanze, Fetthenne, darauf hin, daß ihre Blätter dick und fleischig sind.
Da niedrigwachsende Stauden im kleinen Garten, vor allem aber im Steingarten von Vorteil sind, ist die Art *S. acre* besonders geeignet. Sie wird nur etwa 5–8 Zentimeter hoch und wird auch Scharfer Mauerpfeffer genannt. An den niedrigen Trieben sitzen die dicken Blätter und die Trugdolden bildenden gelben Blüten. Wer eine Trockenmauer in seinem Garten hat, wird auf diese Staude kaum verzichten.
Mit weißen, in Rispen stehenden Blüten ist die Art *S. album*, der Weiße Mauerpfeffer, geziert, dessen Triebe dicht über dem Boden kriechen. Die Blätter sehen wie winzige Walzen aus.
Die Art *S. cauticolum* verliert im Spätherbst ihr Laub, während sie in der warmen Jahreszeit dickliche Blätter hat, die grau bereift sind.

So apart sieht die Gebirgsnelkenwurz auch noch nach der Blütezeit aus.

Man vermehrt den Mauerpfeffer am besten durch Stecklinge. Doch ist, zumal bei den niedrigen Arten, auch Teilung möglich.

Nelkenwurz

(Geum)

Das Charakteristische an dieser Staude, die zu den Rosengewächsen *(Rosaceae)* zählt, ist, daß ihre hübschen Blätter auch im Winter grün bleiben. Im Sommer aber zeigt sie sich in farbenprächtigem Blütenschmuck. Sie bringt ein leuchtendes Gelb oder auch Rot in den kleinen Steingarten und braucht einen sonnigen oder zumindestens an mehreren Stunden des Tages besonnten Platz. Im übrigen ist ihr das Milieu des Alpinums, also steiniger, durchlässiger Boden, gerade recht. Für den kleinen Garten wählt man am besten niedrige Arten aus.

Da kommt zum Beispiel die Gebirgsnelkenwurz, *G. montanum*, in Frage; sie stammt aus dem Alpengebiet, ist aber auch im Mittelgebirge anzutreffen und bildet dekorative Blattpolster, aus denen die sattgelben Blüten hervorlugen. Mit ihren 20–25 Zentimetern Höhe paßt sie auch ins kleinste Alpinum. Da die an Anemonen erinnernden Blüten leicht abfallen, sollte man eine ganze Gruppe pflanzen.
Vom Balkan stammt *G. borisii* mit leuchtend orangeroten Blüten über dem dunkelgrünen, dichten Laub. Die Nelkenwurz blüht gerade dann, wenn die Zeit der meisten Zwiebelblumen schon vorbei ist, sie kann also gut eine Lücke in der Blütenfolge des Steingartens schließen.
Nelkenwurz läßt sich durch Teilung, aber auch durch Aussaat im März vermehren.

Scheinzypresse

(Chamaecyparis)

Für den kleinen Garten, der als Steingarten angelegt wird, kommen nur niedrigwachsende Arten in Frage; die 15–18 Meter hoch werdenden Arten passen nur in ausgedehnte Gärten oder Parks. Die aparte Konifere gehört zur Familie der Zypressengewächse *(Cupressaceae)* und hat ähnlich wie der Lebensbaum schuppenförmige Blätter.
Die für den kleinen Steingarten in Betracht kommenden Arten müssen winterhart und auch rauhen Winden gewachsen sein. Da eignet sich zum Beispiel die Art *C. obtusa* mit einigen Zwergformen besonders gut. Die Form »Nana« wird nur 40–60 Zentimeter hoch und ist von wunderschönem Wuchs.
Die Art *C. lawsonia* bietet kleine Formen, die zum Teil goldgelbes Laub haben, etwa die Form »Minima Aurea«, die nur sehr langsam wächst und erst nach vielen Jahren ihre endgültige Form erreicht. Blaugrüne Nadeln an den dichtstehenden Ästen hat die Form »Elwoodii« von derselben Art; bei ihr hängen die Spitzen leicht nach unten. Sie wird kaum höher als 2 Meter.
Ebenfalls blaugrünes Laub bringt die Sorte »Minima Glauca« hervor, die sehr zierlich ist und ebenfalls zur Art *C. lawsoniana* gehört.

Schleifenblume

(Iberis)

Absolut pflegeleicht ist diese Staude, die so bereitwillig auch unansehnliche Mauern oder Tröge mit ihrem dunkelgrünen Laub aus kleinen schmalen Blättchen überzieht. Zur Blütezeit legt sich ein blendendweißer Schleier aus Doldentrauben über die üppigen Polster. Wo es also an Weiß fehlt im kleinen Garten, da gibt es nichts Passenderes als die Schleifenblume. Sie gehört übrigens zu den Kreuz-

blütlern *(Cruciferae)* und blüht unermüdlich den ganzen Frühling hindurch und manchmal ein zweites Mal im Herbst.
Die Blütenpolster werden kaum mehr als 25 Zentimeter hoch und sehen vor allem im Mauerbeet oder über einer Trockenmauer sehr hübsch aus. Zusammen mit Aubretien bilden sie ein unübertroffenes weiß-blaues Gespann.
In unseren Breiten sind vor allem *I. sempervirens* und *I. saxatilis* geeignet. *I. saxatilis* ist die zierlichere von beiden. Steingarten-Bedingungen, also gut durchlässiger Boden und eine besonnte Lage, bekommen beiden Arten sehr gut.
Man vermehrt die Pflanzen am besten durch Stecklinge.

Schriftfarn
(Ceterach officinarum)

Anders als die meisten Farne kommt der Schriftfarn, der zu den Streifenfarnen *(Aspleniaceae)* gehört, auch mit sonnigen Lagen gut zurecht. Er braucht allerdings kalkhaltigen Boden. Da er außerdem nur etwa 15–20 Zentimeter hoch wird, paßt er ausgezeichnet in den kleinen Steingarten. Die lanzettförmig gefiederten Wedel sehen in der Nähe von Steinen oder Felsbrocken, aber auch zwischen Polsterstauden oder Zwiebelblumen wunderschön aus. Auf der Unterseite der blaugrauen Blätter sitzen kleine Schuppen, die mit der

Schleifenblumen heißen zurecht auch Schneekissen.

Zeit goldgelb werden. Wird es dem Schriftfarn zu trocken, rollt er seine Blätter ein, um Flüssigkeit zu sparen. Er entrollt sie erst wieder, wenn es feucht genug ist.
Im Winter ist Schriftfarn etwas kälteempfindlich und sollte deshalb gegen starke Fröste durch Fichtenreisig geschützt werden.

Seidelbast
(Daphne)

Der schöne Strauch aus der Familie der Seidelbastgewächse *(Thymelaeceae)* mit seinem duftenden Blütenschmuck und den dekorativen roten oder schwarzen Beeren sollte mit wenigstens einem Exemplar im kleinen Steingarten vertreten sein; allerdings nur, wenn nicht kleine Kinder im Garten spie-

Die Silberdistel mit ihren schönen Blüten ist streng geschützt.

len. Die glänzenden Beeren sind nämlich tödlich giftig!
Natürlich kommen ausschließlich Zwergformen in Frage und unter diesen auch nur solche, die in unseren Breiten winterhart sind. Wichtig ist, daß der Standort für den Seidelbast gut besonnt ist.
Sehr hübsch und noch dazu wintergrün ist *D. arbuscula*, der reizende rosa Blütenbüschel trägt und nur 15 Zentimeter hoch wird. *D. alpina*, der Alpenseidelbast, ist nicht wintergrün, prangt aber in der warmen Jahreszeit im schönen, leicht behaarten Laubkleid. Seine Blüten erscheinen im Frühjahr und sind strahlend weiß. Sehr gut geeignet ist auch der Rosmarinseidelbast *(D. cneorum)* mit seinen duftigen rosa Blüten und den kleinen dunkelgrünen Blättern. Mit bis zu 25 Zentimetern Höhe nimmt er auch im kleinsten Garten nicht zuviel Platz weg.
Wer immergrünen Seidelbast selbst vermehren will, besorgt das am besten durch Stecklinge, die anderen Arten müssen durch Aussaat herangezogen werden.

Silberdistel

(Carlina)

Die schöne Staude, die man etwas prosaisch auch Eberwurz nennt, und die ihren botanischen Namen einem deutschen Kaiser verdankt, ist eine Gebirgspflanze aus der Familie der Korbblütler *(Compositae)*. Man gräbt sie natürlich nicht bei einem Spaziergang oder einer Wanderung aus, um sie als Trophäe für den Garten mitzubringen, sondern kauft sie in einer Staudengärtnerei. In der freien Natur ist die Silberdistel geschützt. Ohne diese Maßnahme wäre sie wohl längst ausgerottet.
Besonders dekorativ ist die Art *C. acanthifolia*, auch Bärenklaublättrige Eberwurz oder Golddistel genannt, die eine goldglänzende Blüte über einer Blattrosette hat, deren Boden man sogar essen kann wie den der Artischocke.
Am bekanntesten freilich ist *C. acaulis*, deren prachtvolle silbrige Blüte (daher der Name Silberdistel) dicht über der am Boden liegenden Blattrosette steht. Bei Regen oder Tau schließen sich die Innenblätter der Blüte. Sonne und ein trockener Platz sind die wichtigsten Voraussetzungen für das Gedeihen der Silberdistel. Man sollte sich ihren Standort im Steingarten oder Plattenbeet genau überlegen, denn wegen der langen Pfahlwurzel ist ein späterer Platzwechsel kaum zu bewerkstelligen, ohne die Pflanze zu schädigen. Man vermehrt sie durch Aussaat.

Steinbrech

(Saxifraga)

Ansprüche an den Boden stellt diese Pflanze, die zu den Steinbrechgewächsen *(Saxifragaceae)* ge-

Der Steinbrech liefert üppige rosarote oder gelbliche Blütenpolster für den Steingarten.

hört, kaum. Sie fühlt sich unter den Bedingungen des Steingartens ausgesprochen wohl, stammt sie doch aus Gebirgsgegenden. Die meisten Arten brauchen einen halbschattigen, einige einen sonnigen Platz. Von Mai bis Juli zeigt der Steinbrech seine gelblichen oder lichtroten Blüten. Man unterteilt die verschiedenen Formen in Gruppen. Für einen sonnigen Platz sieht man am besten Rosetten-Steinbrech vor, der sich trockenen Boden wünscht. Völlig anspruchslos ist auch *S. aizoon* mit schönen Blattrosetten. Moossteinbrech dagegen braucht frischen Boden und einen leicht beschatteten Platz, an dem er seine schönen Rosettenkissen ausbreiten kann. Ein Standort im Schatten ist der Art *S. umbrosa* gerade recht; sie bildet ledrige

Blattrosetten und reizende rosige Blüten, die in Rispen stehen.
Die Vermehrung von Steinbrech erfolgt am besten durch Rosettenstecklinge.

Steinsame

(Lithospermum)

Einen Standort in praller Sonne vertragen alle für den Steingarten geeigneten Arten dieser Pflanze, die zu den Borretschgewächsen *(Boraginaceae)* gehört.
Während die wildwachsende Art *L. arvense*, die am Wegrain gedeiht und denkbar anspruchslos ist, gelbe, ziemlich unscheinbare Blüten hervorbringt, fällt der blaue Blütenschmuck von *L. diffusum* wesentlich mehr ins Auge. Diese Art, die 10–12 Zentimeter hoch wird, breitet sich außerdem stark aus und läßt ganze Teppiche in Grün und Blau entstehen. Allerdings ist sie kalkfliehend und braucht einen geschützten Platz an der Sonne. Gegen allzu stürmischen Wind sollte man sie durch Pflanzung in der Nähe einer Mauer oder Hecke schützen. Sehr hübsch sieht auch *L. oleifolium* mit ihren lichtblauen, rötlich überhauchten Blüten aus. Sie wird 12–15 Zentimeter hoch und breitet sich nicht so stark aus.
Die Steinsamen verdanken übrigens ihren Namen den harten Samenkörnern. Man vermehrt sie aber besser durch Teilung.

Storchschnabel

(Geranium)

Schöne Rottöne bringt diese Staude, die zu den Storchschnabelgewächsen *(Geraniaceae)* gehört, in den kleinen Steingarten. Die niedrigwachsenden Arten werden nur 10–20 Zentimeter hoch und sind mit sonnigen wie auch mit halbschattigen Lagen zufrieden. In der Nähe eines größeren Felsbrockens oder Steins fühlen sie sich bestens aufgehoben.
Die Art *G. argenteum* hat, wie ihr Name sagt, silberweißes Laub und zarte rosa, dunkelgeäderte Blüten. Sie gedeiht gut auf einem mit Kies bedeckten Untergrund.
G. sanguineum bildet hübsche, bis 20 Zentimeter hohe Kissen und hat rote Blüten, die auch sehr gut in den Trogsteingarten passen. Sorten in Weiß und Hellrot ergänzen das Sortiment dieser Art, die für den kleinen Steingarten besonders gut geeignet ist. Etwas niedriger und mit zartrosa Blüten besetzt präsentiert sich die Art *G. farreri*. Sie braucht durchlässigen Boden und verabscheut nasse Füße.
Hat man am Rande des Steingartens oder im kleinen Staudengarten Platz für etwas voluminösere Stauden, bieten sich einige höhere Arten von Geranium an, die allesamt sehr dekorativ sind.
Storchschnabel vermehrt man am besten durch Aussaat, doch ist auch Teilung möglich.

Weißtanne

(Abies)

Wer in Gefilden zu Hause ist, in denen es kalte Winde und rauhe Winter gibt, der tut gut daran, sich auch eine Weißtanne aus der Familie der Kieferngewächse *(Pinaceae)* in seinen kleinen Garten zu holen. Weißtannen zieren sowohl den Steingarten als auch den Heidegarten und sehen selbst im Staudengarten wunderschön aus. Sie erwartet allerdings humosen Boden und braucht einen Standort an der Sonne. Man sollte ihr ein bißchen mehr Platz einräumen und auch nicht gleich mehrere pflanzen, denn allein kommt sie wesentlich besser zur Geltung und zieht dank ihrem charakteristischen Wuchs mit den quirlständigen Zweigen den Blick auf sich. Um das dunkle Grün des Nadelkleides noch mehr zu betonen, kann man in ihrer Nachbarschaft kleine Blütenstauden und leuchtende Polster ansiedeln.

Bestens geeignet für den kleinen Garten ist die Art *A. balsamea*. Die Zwergform »Hudsonia« dieser Art wird nur etwa 80–90 Zentimeter hoch und putzt sich im Frühjahr mit lichtgrünen Trieben, die einen interessanten Gegensatz bilden zu den grünen, unterseits blaugrauen Nadeln.

Der Heidegarten

Wer einmal zur Blütezeit des Heidekrauts in der Lüneburger oder einer anderen Heide war, der hat sicherlich eine Vorliebe für diese Landschaft und ihre stille Schönheit mitgebracht. Und vielleicht auch die Idee, sich ein Stück Heide in seinen Garten zu holen.

Da ist es aber meist mit ein paar Sträuchern nicht getan; einzelne Heidekrautbüsche in einem Garten, der eigentlich ein ganz normaler Blumen- oder Rasengarten sein will, wirken deplaziert und verloren. Für einen Heidegarten, also ein gärtnerisches Ensemble, in dem viele Elemente, die die Heidelandschaft ausmachen – und nur solche – zusammenkommen, genügt aber schon die relativ kleine Fläche des Atriums oder des Reihenhausgartens. Man muß die Anlage nur so gestalten, daß sie einen natürlichen, gewachsenen Eindruck macht.

Dazu greift man auf die Vegetation der Heide zurück und verzichtet auf Bäume und Sträucher anderer Regionen. Auch hochgezüchtete Blütenstauden haben im Heidegar-

Ein Heidegarten, der mit vielen Erica- und Calluna-Sorten, aber auch mit den in dieses Biotop passenden Gehölzen bepflanzt und durch geschickte Pflasterung gut gegliedert ist.

ten keinen Platz. Hier wie bei jedem anderen Themengarten ist es wichtig, sich vorher eine genaue Vorstellung von dem zukünftigen Gärtchen zu machen, eine Konzeption zu entwickeln und den Garten zunächst auf dem Papier anzulegen.

Die Anlage des Heidegartens

Als erstes geht man daran, den Boden für den Heidegarten zu bereiten, einen Boden, der sandig sein sollte und vor allem kalkarm (allerdings verträgt das Heidekrautgewächs Schneeheide auch Kalk). Da muß man je nach Zustand der Erde, die man im Garten vorfindet, mit Moorerde oder Torf nachhelfen und unter Umständen auch noch Sand und Kies einbringen. Nur um Dünger braucht man sich keine Sorgen zu machen, denn Heidepflanzen sind diesbezüglich außerordentlich genügsam. Sie zeigen sich auch mit kargem Boden zufrieden, wenn er nur gut besonnt ist. An Feuchtigkeit genügt meist das, was vom Himmel kommt, Gießen ist also überflüssig.

Pflegemaßnahmen beschränken sich hauptsächlich aufs Zurückschneiden der Heide nach der Blüte, eine Arbeit, die in natürlichen Heidegebieten die weidenden Schafe verrichten. Einen prachtvollen Teppich aus Besenheide oder Erika bekommt man nur, wenn die Schere oft in Aktion tritt und die Pflanzen kurz, also etwa 6–10 Zentimeter hoch gehalten werden.

Welche Pflanzen man in den Heidegarten setzt, hängt natürlich von der Größe und Form des Grundstücks ab. Auf jeden Fall sollte man mindestens einen dominierenden Baum haben; das kann eine Birke oder eine Pappel sein. Auch eine Eberesche mit ihren schönen Früchten paßt gut ins Bild, man sollte sie aber ein wenig an den Rand des Geschehens rücken, wenn es dadurch keine Probleme mit dem Nachbarn gibt. Ebenso gehören Koniferen in den Heidegarten, vielleicht eine nicht zu hoch wachsende Kiefer oder ein Säulenwacholder, dazu ein paar Zwergkoniferen. Wenn darüber hinaus noch Platz ist für eine größere Pflanze, kommen Ginster oder auch ein Rhododendron in Frage. Falls man als Abschluß der Terrasse oder als seitliche Begrenzung des Gartens eine Pergola einplant, sollte sich daran eine wilde Kletterrose emporranken.

Zwischen all diese Bäume und Sträucher aber setzt man Heidekraut und Erika in möglichst vielen Schattierungen. Dazu einige wenige Stauden wie Glockenblumen oder Mauerpfeffer, von denen schon im Kapitel über den Steingarten (Seite 46ff.) die Rede ist,

Königskerzen und ein paar Gräser. Wenn man das Schöne mit Nützlichem verbinden will, kann man sich in einer Ecke des Heidegartens auch ein Kräuterbeet anlegen mit Thymian und Salbei, Rosmarin und Lavendel, Minze und Borretsch. Dann ist zugleich für herrlichen Duft im Garten und für guten Geschmack in Kochtopf und Salatschüssel gesorgt.

Wie zufällig sollten ein paar schöne große Steine über den Garten verteilt sein. Auch könnte man als rückwärtige oder seitliche Begrenzung eine Trockenmauer anlegen, in der sich Eidechsen, Kröten und Schlangen verkriechen können. Sind Höhenunterschiede auszugleichen, empfiehlt sich dafür ein Mauerbeet. Sehr gut paßt ein Weg aus Platten in die Heidelandschaft

Der stille Charme der Heidelandschaft.

en miniature. Man kann auch unregelmäßig behauene Trittsteine legen. Wo der Garten lang genug ist, könnte man eine zweite Terrasse aus schönen Natursteinen im hinteren Gartenteil einplanen und sie durch einen leicht gewundenen Weg mit dem Haus verbinden.

Um sich weitere Anregungen für die Gestaltung zu holen, sollte man sich eine ähnliche Anlage in einem Botanischen Garten oder in einer Gartenschau ansehen. Rat kann man sich aber auch in einer guten Baumschule holen, von der man dann gleich die entsprechenden Pflanzen bezieht. Das Beste ist natürlich, wenn man die nächste Urlaubsreise in eine Region unternimmt, in der man alles Wichtige zum Thema »Heidegarten« in natura erleben kann.

Die folgende Auswahl informiert über Pflanzen, die im Heidegarten am richtigen Platz sind.

Besenheide

(Calluna)

Anders als Erika braucht die Besenheide aus der Familie der Heidekrautgewächse *(Ericaceae)* kalkfreien Boden. Im übrigen aber ist sie mit den Bedingungen, wie sie im Heidegarten anzutreffen sind, hochzufrieden. Wenn sie einen sandigen, durchlässigen Untergrund hat, stehende Nässe nicht zu fürchten braucht und noch dazu viel Sonne bekommt, sind alle Vor-

Heidekraut oder Besenheide gibt es in vielen Sorten und Farben. Hier eine gefüllte Sorte.

aussetzungen für Wachstum und üppige Blüte gegeben. Auch mit feuchter Witterung, wie man sie in Küstennähe häufig antrifft, wird die Pflanze ohne weiteres fertig. Zur Blütezeit im Sommer, Spätsommer und Herbst bringt das Heidekraut wunderschöne Abstufungen von Rot bis Weiß in den Garten.

Besenheide ist ein kleiner Strauch, der stark verzweigt ist und an diesen Ästen immergrüne dunkle Blättchen sitzen. Jeder Blütenstand setzt sich aus vielen kleinen Glocken zusammen. In Gärtnereien und Baumschulen werden heute viele Sorten der Besenheide *(C. vulgaris)* angeboten, unter denen man nach Geschmack und Bedarf wählen kann. Die Sorten unterscheiden sich in Größe der Pflanzen, Blütenfarbe und Laub.

Heidekraut verlangt im Garten

kaum Pflege, außer daß man es nach der Blüte zurückschneidet. Da es gegen Trockenheit gewappnet ist, braucht es praktisch nicht gegossen zu werden.

Die Vermehrung erfolgt am besten durch Samen. Das geschieht, indem man einen abgeblühten Zweig auf die Erde legt und wartet, daß aus dem ausgefallenen Samen kleine Pflanzen wachsen. Einfacher ist es natürlich, sich die jungen Heidekrautpflanzen in der Baumschule zu kaufen.

Erika

(Erica)

Die Pflanze aus der Familie der Heidekrautgewächse *(Ericaceae)* wird häufig verwechselt mit der Besenheide. Erika oder Glockenheide gedeiht aber eher im Gebirge als in den klassischen norddeutschen Heidegebieten. Die Blütenfarben der verschiedenen Arten und Sorten weisen alle Schattierungen von Weiß über Rosa bis Dunkelrot auf. Die nadelartigen Blättchen sind dunkelgrün.

Die bei uns häufigste Art ist die Schneeheide *(E. carnea)*. Der kleine Strauch kann, anders als die Besenheide, auch in kalkhaltigem Boden gedeihen. Es gibt Sorten der Schneeheide, die schon zu Weihnachten in Blüte stehen; mit ihrer leuchtenden Farbenpracht stehen sie in reizvollem Kontrast zur weißen Schneedecke. Mit Hilfe der verschiedenen Sorten dieser Art kann man die Blütezeit von Dezember bis April ausdehnen. Schneeheide gibt es in Weiß, Rosa und Rot.

Fast zu groß für den kleinen Heidegarten wird die Cornwallheide *E. vagans*; die Büsche mit den lachsfarbenen oder weißen Blüten sind bis 50 Zentimeter hoch. Da sie im Hochsommer blühen, erlebt man auch in der Zeit, da Erika nicht mehr und Heidekraut noch nicht blüht, ein Heidekrautgewächs in Blüte.

Erikasträucher muß man nach der Blüte kräftig zurückschneiden, damit sie schöne Teppiche bilden. Die Schneeheide braucht gelegentlich etwas Dünger. Für alle Eriken gilt, daß sie bei größerer Luftfeuchtigkeit besser wachsen und schöner blühen.

Ginster

(Genista)

Der Strauch mit den schönen gelben Blüten an den meist kahlen Zweigen gehört zu den Schmetterlingsblütlern *(Leguminosae)*. Auf ihn sollte man im Heidegarten nicht verzichten, zumal es auch niedrige und sogar kriechende Arten gibt.

Er bevorzugt einen Platz in trockenem Boden, der viele Stunden des Tages in der Sonne liegt, also genau die Bedingungen, die im gesamten Heidegarten ideal sind.

Diese Ginsterart (G. lydia) blüht den ganzen Sommer lang.

Der sogenannte Deutsche Ginster *(G. germanica)* blüht im Frühsommer mit unzähligen gelben Schmetterlingsblüten. Er wird etwa einen halben Meter hoch. Seine Zweige wie auch die Blätter tragen eine leichte Behaarung.

G. lydia, der aus dem südlichen Osteuropa stammt, wird etwa 75 Zentimeter hoch und blüht den ganzen Sommer. Die grüngrauen Zweige hängen herab und haben an den Enden spitze Dornen. Diese Art braucht Winterschutz.

Von den kriechenden Arten sind *G. sagittalis* und *G. pilosa* zu nennen. Erstere wird nur 12–15, letztere 8–10 Zentimeter hoch. *G. sagittalis* hat geflügelte Stengel. Beide blühen im Frühsommer.

In ungünstigen Lagen kann ein Ginsterstrauch gelegentlich zurückfrieren, doch treibt er im nächsten Frühjahr meist wieder aus. Das Umpflanzen verträgt der Strauch nicht gut.

Königskerze

(Verbascum)

Die Königskerze aus der Familie der Braunwurzgewächse *(Scrophulariaceae)* gibt es sowohl als Zweijährige wie auch als Staude. Sie gehört zu den prägenden Elementen des Heidegartens, aber auch des Staudengartens und wird in verschiedenen Höhen zwischen 60 und 200 Zentimetern und in den Farben Gelb, Orange, Rot und Weiß angeboten. Königskerzen sehen wunderschön zwischen Heidekraut und kleinen Koniferen aus. Viele der in unseren Gärten anzutreffenden Königskerzen, die auch Frauenkunkel genannt werden, sind Hybriden. Besonders imposant sehen aber die reinen Arten Schwarze Königskerze *(V. nigrum)* und die mit grauem Filz besetzte Großblumige Königskerze *(V. densiflorum)* aus. Erstere, mit rotgefleckten gelben Blüten, galt als Schützerin vor Wetterunbilden, letztere ist mit einer Höhe von 200 Zentimetern und Blüten in sattem Sonnengelb der Superlativ unter den Königskerzen.

Der typische Heidegartenboden ist der Pflanze gerade recht, da sie auf

Großblumige Königskerzen sind ein Blickfang im Heidegarten.

sandigem, trockenem Untergrund am besten gedeiht. Weil sie auch Kalk im Boden gut verkraftet, kann man sie neben eine Anpflanzung von Erika plazieren, die ebenfalls unempfindlich gegen Kalk sind.
Königskerzen säen sich leicht selber aus. Man kann sie aber auch, wenn man reine Arten erhalten will, durch Aussaat vermehren. Dann sollte man nach dem Welken die Blütenstände abschneiden.

Schwingel

(Festuca)

Von dieser zu den Gräsern *(Gramineae)* zählenden Pflanze passen ein paar Horste in jeden Heidegarten. Auch im Steingarten sehen sie gut aus. Und wer sich einen Plattengarten anlegt, sollte in von Steinen ausgesparte Räume oder in Pflanztröge oder -kübel Schwingel setzen. Die hübschen Polster werden bei niedrigen Arten nur 20–25 Zentimeter hoch, und sie sind recht robust. Schwingel braucht einen besonnten Platz und mageren, nicht zu feuchten Boden. Auch im Winter soll es in seiner Umgebung nicht naß sein.
Ausgezeichnet paßt der Schafschwingel *F. ovina* in einen Heidegarten, wo er besonders gut zu den im Frühling zwischen blühender Heide gedeihenden Zwiebelblumen aussieht.
Die blaugrauen Kissen von *F. glauca*, dem Blauschwingel, eignen sich besonders gut für steinigen Boden und kontrastiert sehr schön mit den Heidepflanzen.
Ganz fein und zierlich sind die kräftiggrünen Blätter des Alpenschwingels *(F. alpina)*, dessen Polster nur 10–15 Zentimeter hoch werden.
Am Ende des Winters muß man die abgestorbenen Blätter auszupfen. Vermehren kann man die Pflanze durch Teilung im Frühjahr.

Wacholder

(Juniperus)

Da der geplante Heidegarten ja zugleich ein kleiner Garten ist, sollte man bei der Auswahl der Gehölze

Wacholder gehört in die Heidelandschaft und sollte deshalb auch im Heidegarten nicht fehlen.

auf kleinwüchsige Arten zurückgreifen, vor allem wenn man mehrere Exemplare setzen will. Der Wacholder aus der Familie der Zypressengewächse *(Cupressaceae)* ist im Heidegarten ein unbedingtes Muß. Will man ihn als Solitär in die kleine Heidelandschaft pflanzen, sollte man ruhig eine der hochwachsenden säulenförmigen Arten wählen, etwa *J. chinensis*. Die Sorte »Obelisk« hat schöne, grünblaue Nadeln mit weißer Bereifung unterseits.

Die sehr häufig angebotene Art *J. communis*, der Gemeine Heidewacholder, ist in einigen niedrigbleibenden Formen zu haben, von denen man zum Beispiel eine Zweier- oder Dreiergruppe in den Heidegarten setzen kann.

Bis 1 Meter hoch wird *J. squamata* mit silbrigblauen oder je nach Form auch goldgelben Nadeln.

Auch kriechende Wacholder können sehr interessant aussehen, vor allem in der Nähe von größeren Steinen. Hier bietet sich die Art *J. horizontalis* an.

Alle Wacholderarten sind bescheiden in ihren Ansprüchen an den Boden. Durchlässiger Sandboden, wie er im Heidegarten anzutreffen ist, behagt ihnen am besten.

Übrigens gehören die Juniperus-Arten zu den ältesten Kulturpflanzen, deren Heilwirkung man sich schon in der Antike zunutze machte.

Wildrose

(Rosa)

Wunderschön sieht auch im kleinen Garten, zumal im Heidegarten, eine Wildrose aus, vor allem wenn sie eine Pergola, eine Mauer oder einen Zaun verkleidet. Dann hat man im Sommer den Blütenschmuck, bei einigen Arten den Duft und im Herbst die leuchtenden und noch dazu wohlschmekkenden und gesunden Früchte.

Ideal ist die Art *R. mollis*, denn diese Rose wird nur etwa 80–100 Zentimeter hoch und blüht im Frühsommer. Sie mag einen sonnigen Platz.

Die Art *R. pimpinellifolia*, die Bibernellrose, hat zwar viele unterirdische Ausläufer, die man im kleinen Garten unbedingt in Zaum halten sollte, doch ist sie für den relativ trockenen, durchlässigen Boden des Heidegartens besonders geeignet. Schon im Spätfrühling, also etwa ab Mai, bringt sie zartgelbe Blüten hervor und schmückt sich später mit dunklen Hagebutten. Diese Rose wird 2–3 Meter hoch und sieht an einer Pergola im Heidegarten wunderschön aus.

Schließlich ist auch die Moosrose *(R. centifolia)* das Richtige für kleine Gärten, zumal die herrlichen rosa und roten Blüten wunderbar duften. Sie wird 150–200 Zentimeter hoch, und ihre Ausläufer werden kaum zur Plage.

Biotop Wassergarten

Wer sich seinen kleinen Garten als Miniatur-Wasserlandschaft anlegt, der hat damit zugleich ein Biotop geschaffen, in dem sich allerlei Pflanzenraritäten und viele Tiere wohlfühlen. Abgesehen von dem Nutzen für die Umwelt, den ein solcher Wassergarten bringt, bietet die Kombination aus Wasserpflanzen, Moor- und Sumpfflora zusammen mit der Teich- oder Bachanlage selbst einen wunderschönen Anblick.

Zum Wassergarten geeignet ist praktisch jedes Grundstück und sei es auch so klein wie ein Atrium oder ein ungünstig schmaler Reihenhausgarten. Man kann es innerhalb von wenigen Jahren in ein grünendes und blühendes Wasserparadies verwandeln.

Auch hier aber gilt, daß man sich

Vorbilder in der näheren und weiteren Umgebung sucht, daß man gezielt durch Gartenschauen und Botanische Gärten wandert, daß man den Rat eines Fachmanns in der Baumschule oder Staudengärtnerei einholt, daß man im Falle des Reihenhausgartens auch den Nachbarn von seinen Plänen erzählt und diese vielleicht für ein ähnliches Projekt gewinnt.
Wenn man es mit einem sozusagen jungfräulichen Stück Garten zu tun hat, tut man gut daran, sich eine maßstabsgetreue Zeichnung zu machen und in die Umrisse des Grundstücks die Wasserfläche oder -flächen, das umgebende Sumpfgebiet, ein eventuell anschließendes Moor- oder Heidebeet und vor allem die Bäume und Sträucher einzuzeichnen, die man sich vorstellt. Dann geht man in die nächste Baumschule oder ins Gartencenter und spricht die Anlage mit einem Fachmann durch. Als potentieller Käufer von Teichfolie, Wasserpflanzen und Uferbepflanzung, von Stauden und Gehölzen wird man sicherlich guten Rat bekommen. Will man einen schon vorhandenen und bepflanzten Garten zum Wassergarten umgestalten, muß man beachten, daß der Gartenteich eine relativ freie Lage braucht, also nicht von großen Bäumen oder dem Haus beschattet werden sollte. Denn die meisten Wasserpflanzen brauchen Sonnenlicht zum Gedeihen, und wenn ständig Laub ins Wasser fällt, ist das der Wasserqualität gar nicht förderlich. Ist der Garten schon ringsherum von hohen Sträuchern, Bäumen oder Hecken umgeben, bleibt nur das Zentrum für die Teichanlage. Wie man sich einen solchen Teich anlegt, mit Hilfe einer Folie oder auch mit anderen Materialien, das ist in dem Band »Wasser im Garten« nachzulesen, das ebenfalls in der Reihe der farbigen Ratgeber erschienen ist.
Wassergarten bedeutet aber nicht nur Gartenteich. Man kann, wenn man die Technik zu Hilfe nimmt, auch einen kleinen Wasserlauf einrichten, der sich wie ein natürliches Bächlein durch den Garten schlängelt und dann in einem Teich mündet. Oder ein Springbrunnen oder ein Wasserspeier am Haus gibt sein Wasser in mehreren Stufen in eine stehende Wasserfläche ab, von der es wieder zum Ausgangspunkt zurückgepumpt wird. Da man Teich oder Wasserlauf im allgemeinen nicht von oben, sondern auf der Terrasse sitzend im Auge hat, soll alles so angelegt sein, daß man sämtliche Wasseraktivitäten, aber auch die ruhig spiegelnde Wasserfläche vom Haus aus beobachten kann. Der ganze Garten kann von kleinen Pfaden oder Trittplatten durchzogen sein, damit man die stille oder sprudelnde Schönheit dieses Bio-

Kleines Wasserbecken mit reicher Ufervegetation.

tops auch lustwandelnd genießen kann.

Ganz besonders reizvoll ist, wenn der Garten zwei oder mehr Ebenen hat. Dann kann man das Wasser über Stufen von einem Teich in einen anderen überlaufen lassen.

Die »Landschaft« rund um den Teich oder den Bachlauf läßt sich auf vielerlei Weise gestalten. Da könnte sich zunächst eine Sumpfzone anschließen; aber auch ein Geröllgarten mit großen und kleineren Steinen, der besetzt ist mit Steingartenpflanzen, ergibt eine interessante Wirkung. Schließlich kann die Teichanlage in einen Plattengarten münden, der durch Kübelpflanzen, aber auch von in ausgesparte Pflanzräume gesetzten Stauden und Gehölzen belebt wird.

Rund um den Gartenteich

Wie sollte nun die Umgebung des Teiches aussehen? Sinnvoll ist es, vom flachen Ufer ausgehend ein Sumpfbeet anzulegen. Da man im normalen kleinen Garten kaum sumpfiges Gelände zur Verfügung hat, muß man auch hier mit einer Folie arbeiten. Das bedeutet, daß man das vorgesehene Sumpfbeet etwa 25 Zentimeter tief ausheben muß. Nachdem Steine und Wurzeln vom Grund entfernt sind, legt man Folie ein, die auf allen Seiten 25–30 Zentimeter über die vorgesehene Fläche hinausreichen soll. Die ausgegrabene Erde wird mit reichlich feuchtem Torf vermischt und auf der Folie, die an den Enden mit großen Steinen beschwert ist, verteilt. Nun braucht nur noch der Gartenschlauch in Aktion zu treten und sobald die gesamte Erde reichlich mit Wasser durchtränkt ist, kann das Sumpfbeet bepflanzt werden. Man sollte darauf achten, daß der Grund zwar sumpfig ist, daß aber keine Wasserlachen stehenbleiben.

Die Pflege des Sumpfbeets ist denkbar einfach. Gewässert werden muß nur, wenn es längere Zeit nicht regnet. Regnet es übermäßig, schadet das den Pflanzen auch nicht.

Außer einem oder mehreren Gartenteichen kommen natürlich auch noch andere Gewässer für den Wassergarten in Frage. Warum sollte nicht ein sprudelnder kleiner Wasserfall in den Teich münden oder ein Bächlein den Garten durchfließen? Das Bachbett müßte in einem solchen Fall ebenfalls mit Folie ausgelegt und an den Ufern bepflanzt werden.

Ohne große Mühe läßt sich auch ein Springbrunnen im Gartenteich oder in seiner Nachbarschaft installieren. Und natürlich kann man verschiedene Gewässer miteinander verbinden. Für fließendes Wasser aber braucht man in jedem Fall

Schon bald nach der Pflanzung grünt und sprießt es im Gartenteich.

eine Pumpe, muß also die Technik bemühen. Im Fachhandel sind solche Pumpen in allen Preiskategorien zu haben. Sie bedeuten auf keinen Fall eine unerschwingliche Investition.

Im folgenden sind die Pflanzen beschrieben, die den Gartenteich, den Bachlauf, aber auch den Wassergarten ringsum mit Leben füllen sollen und zusammen mit dem Wasser eine tragende Rolle in diesem Spiel der Farben und Formen übernehmen.

Binse
(Juncus)

Bis 1 Meter hoch wird die grasartige Pflanze aus der Familie der Binsengewächse *(Juncaceae)*, und sie bevorzugt einen Standort im sumpfigen Uferbereich des Gartenteichs oder auch im flachen Wasser des Teiches selbst. Dort sollte sie aber nicht eingesetzt werden, sondern in einem durchlöcherten Pflanzgefäß stehen, damit sie sich nicht zu stark ausbreitet.
Besonders hübsch sieht im kleinen Wassergarten die Blaubinse *(J. inflexus)* mit ihren graugrünen, blattlosen Stengeln aus, die 80–90 Zentimeter hoch werden. Sie bildet schöne dichte Horste und trägt im Sommer relativ unscheinbare Blüten.
Eine andere Binsenart, die Flatterbinse *(J. effusus)*, bleibt etwas niedriger (ca. 50 Zentimeter) und entwickelt im Herbst aus den bescheidenen Blüten hübsche braune Früchte. Auch sie breitet sich ohne weiteres Zutun zu üppigen Horsten aus.
Die Vermehrung der Binsen ist absolut kein Problem, da man die Pflanzen nur zu teilen braucht, das heißt, man trennt ein Halmbüschel ab und setzt es an anderer Stelle des Gartens wieder ein.
Wer geschickt ist, kann aus Binsen Körbe oder Untersetzer flechten, eine Technik, die schon in den frühen orientalischen Hochkulturen gepflegt wurde.

Chinaschilf
(Miscanthus)

Das Staudengras aus der Süßgräser-Familie *(Gramineae)*, von dem die Riesenarten, die bis zu 3 Meter hoch werden, für den kleinen Garten zwar nicht in Frage kommen, ist eine Pflanze von hohem Zierwert, gerade für den Wassergarten. Sie wird, da sie keine Wasserpflanze ist, nicht in den Teich gepflanzt, sollte aber einen Platz in Teich- oder Bachnähe bekommen, damit sich die schönen Blätter und die zarten Blüten im Wasser spiegeln können.
Eine besonders interessante Art ist *M. sinensis*, das bis 2 Meter hoch wird und in verschiedenen Sorten zu haben ist und fast jedes Jahr zum Blühen kommt. Die Blütezeit ist im Spätsommer.
M. sacchiflorus grüßt mit dekorativen Blättern, die in der Mitte einen dunkleren Streifen haben. Es heißt Silberfahnengras wegen seiner bildschönen, mit Silberhaar besetzten Blütenähren. Im Herbst verfärbt sich das grüne Laub ins Rötliche.
In sehr rauhen Lagen braucht Chinaschilf, das übrigens auf durchlässigem Boden gepflanzt wird,

also nicht in Sumpf oder Wasser stehen sollte, ein paar schützende Fichtenzweige oder eine dicke Laubschicht. Als Standort kommt sowohl ein Sonnenplatz als auch eine halbschattige Lage in Frage.
Zur Vermehrung kann man die Pflanze im späten Frühjahr teilen.

Kalmus

(Acorus)

Die aus Ostasien stammende Staude, die im Sumpfbeet, aber auch im Wasser gut aufgehoben ist, hat eine lange Geschichte, wird doch die Wurzel seit altersher nicht nur für kosmetische Zwecke, sondern auch als Heilmittel benutzt. Sie soll die übermäßige Entwicklung von Magensäure verhindern.
Im Wassergarten sollte man der Pflanze aus der Familie der Aronstabgewächse *(Araceae)* einen Platz im Uferbereich des Teiches oder eines fließenden Gewässers zuteilen; sie liebt sumpfigen Untergrund, kann aber auch im niedrigen Wasser gedeihen, gleichgültig, ob in der Sonne oder im Halbschatten. Am häufigsten ist die Art *A. calamus*, die 50–80 Zentimeter hoch wird, schöne dunkelgrüne Blätter hat und einen gelblichen Blütenkolben entwickelt.
Der Japanische Graskalmus *(A. gramineus)* ist zierlicher als *A. calamus*, denn er wird nur 20–30 Zentimeter hoch. Er braucht nicht unbedingt sumpfigen Boden.

Kalmus, eine besonders interessante Sumpf- und Wasserstaude.

Besonders geeignet für kleine Teiche oder Teichgärten in Trögen oder Kübeln ist die Miniaturausgabe dieser Art, der Zwergkalmus.
Wenn man die Kalmusarten vermehren will, sollte man die Wurzelstöcke teilen.

Wasserpest, Krause

(Lagarosiphon)

Diese Wasserpflanze, ein Froschbißgewächs *(Hydrocharitaceae)*, wird weniger wegen ihrer Schönheit als vielmehr wegen ihrer Fähigkeit, mit anderen Gewächsen zusammen die Algenbildung im

Teich zu verhindern, geschätzt. Man setzt sie in Wassertiefen von 40–100 Zentimetern in den Teich, muß aber darauf achten, daß sie im Winter keinen Frost abbekommt. Schließlich ist sie im südlichen Afrika zu Hause und nimmt extrem niedrige Temperaturen übel. Im gut besonnten Gartenteich ist sie am besten aufgehoben. Mit ihren hübschen gewellten Blättern sieht sie außerdem noch recht dekorativ aus. Die Vermehrung könnte nicht einfacher sein, denn man braucht nur einen Stengel ins Wasser zu werfen, und er bringt Wurzeln hervor. Man kann die Pflanze aber natürlich auch teilen und das Teilstück einfach umpflanzen.

Die ebenfalls zu den Froschbißgewächsen gehörende Kanadische Wasserpest *(Elodea canadensis)* verbreitet sich in Teich und Wasserbecken so rasant, daß man sie ständig im Zaum halten muß.

Mädesüß

(Filipendula)

Damit es im Wasser- und Sumpfgarten nicht nur grünt, sondern auch blüht, sollte man sich diese Staude, die zu den Rosengewächsen *(Rosaceae)* zählt, unbedingt einpflanzen. Sie bevorzugt einen sonnigen oder auch leicht beschatteten Platz in der Nähe des Teiches oder Baches, am besten in einem sumpfigen Teil des Gartens. Mädesüß sorgt nicht nur für Farbe, sondern auch für angenehmen Duft im Wassergarten.

Die Art *F. ulmaria*, auch Wiesenkönigin genannt, ist besonders gut geeignet und sieht mit den dunkelgrünen Blättern, die unterseits filzig behaart sind, und den bis 150 Zentimetern hohen Stengeln sehr eindrucksvoll aus. In Trugdolden stehen die gelblichweißen Blüten am Ende des Stengels.

Die Art *F. purpurea* ist im Fernen Osten zu Hause und trägt schöne hell- bis dunkelrote Blüten. Sie wird etwa 90–100 Zentimeter hoch. Die aus unseren Breiten stammende Mädesüß-Art *F. vulgaris* fühlt sich auf sumpfigem Boden nicht wohl und sollte deshalb in einem eher trockenen Teil des Gartens Platz finden. Sie hat sehr hübsche weißliche Blüten, die in Trugdolden auf den hohen Stengeln erscheinen.

Man kann Mädesüß gut durch Teilung vermehren.

Rohrkolben

(Typha)

In großen Trockensträußen und herbstlichen Gestecken ist der Rohrkolben fast unverzichtbar. Ihrer Form wegen wird die Staude aus der Familie der Rohrkolbengewächse *(Typhaceae)* auch Ofenputzer genannt.

Für den Wassergarten, zumal wenn er nicht allzu groß ist, muß man die Pflanze etwas im Zaum

Mädesüß, eine feuchtigkeitsliebende Staude, fühlt sich im Uferbereich eines Teiches besonders wohl.

halten, damit sie sich nicht allzu stark ausbreitet und große Flächen überwächst. Man setzt sie am besten in ein Pflanzgefäß, dessen Seitenwände durchlöchert sind. Rohrkolben kann im sumpfigen Uferglände ebenso gedeihen wie im Gartenteich selbst, wo ihm eine Tiefe von 50 Zentimetern noch gut behagt.

Der breitblättrige Rohrkolben *(T. latifolia)* ist die bekannteste Art. Er wird bis 250 Zentimeter hoch und hat mächtige Kolben. Für den kleinen Garten wird er kaum in Frage kommen, wenn man ihn nicht auf einen Platz am Rande beschränken kann.

Günstiger ist da der hübsche Zwergrohrkolben *(T. minima)*, der eine Höhe von 60–75 Zentimetern erreicht und dessen Kolben kurz und gedrungen sind.

Sehr apart ist auch *T. angustifolia* mit schmalen grünen Blättern und langen Kolben; die Art wird 120–180 Zentimeter hoch.

Der gesamte oberirdische Teil des

Rohrkolbens vertrocknet am Ende der Vegetationsperiode und kann vor Beginn des Austriebs im Frühjahr abgeschnitten werden. Der kriechende Wurzelstock bringt Wurzeltriebe hervor, aus denen sich neue Pflanzen entwickeln.

Schilfrohr

(Phragmites)

Schilfrohr im kleinen Garten? Das bedeutet natürlich, daß man ihm von Anfang an Fesseln anlegen muß. Denn ungebremst wird die Pflanze aus der Familie der Gräser *(Gramineae)* bis 3 Meter hoch. Deshalb setzt man *Ph. australis* oder *communis* am besten in einem Behälter in den Gartenteich. Die Art fühlt sich aber auch im feuchten Uferbereich sehr wohl und stellt kaum Ansprüche an den Boden. Hier wird sie »nur« etwa 2 Meter hoch. Sehr dekorativ ist eine Varietät dieser Art, die gelb- und grüngestreifte Blätter hat. Sie kann sogar noch in einer Wassertiefe von einem halben Meter gedeihen und wird dort bis 180 Zentimeter hoch.

Wer Schilfrohr vermehren will – das wird im allgemeinen kaum nötig sein, da es von Natur aus einen beträchtlichen Ausdehnungsdrang hat – braucht nur im Frühling ein paar Wurzelausläufer abzutrennen und diese an dem neuen Standort einzupflanzen.

Die gelbe Seerosensorte ‚Marliacea Chromatella'.

Seerose

(Nymphaea)

Es gibt im Wassergarten, aber auch in der freien Natur, kaum etwas Aufregenderes und Schöneres als die Seerosenblüte. Deshalb umgeben die Pflanze aus der Familie der Seerosengewächse *(Nymphaeaceae)* auch seit Urzeiten Sagen und Legenden. Wie eine verzauberte Nymphe nämlich steigt sie vom Grund des Wassers herauf und öffnet dann unter der Sonne ihre wundervollen Blüten, die größten, die es in unserer einheimischen Flora gibt. Die Pflanze mit sämtlichen Arten ist streng geschützt.

In Europa ist vor allem die Weiße Seerose *(N. alba)* verbreitet. Von ihr gibt es in Skandinavien auch eine rote Varietät.

Aus Nordamerika kam die wunder-

Ohne Seerosen ist der Gartenteich nur halb so schön. Hier eine Sorte mit roten Blüten.

schöne Wohlriechende Seerose *(N. odorata)* zu uns.

Viele Züchter haben sich der spektakulären Pflanze angenommen und prachtvolle Sorten in Rosa, Weiß, verschiedenen Gelbtönen und in Rot hervorgebracht, unter denen man heute wählen kann, wenn es an die Bepflanzung des Gartenteiches oder eines Wassergartens im Trog oder in einer Schale geht. Was Seerosen zur Entfaltung und Blüte unbedingt brauchen, ist ein sonniger Standort. Der Seerosenteich darf also auf keinen Fall beschattet sein. Je nach Tiefe des Wassers bekommt man in einer Spezialgärtnerei unterschiedliche Sorten. Seerosen sind nicht besonders anspruchsvoll. Ihnen genügt eine Bodenschicht von etwa 20 Zentimetern auf dem Teichgrund, in Schalen und Trögen reichen 12–15 Zentimeter. Der Boden sollte eine Mischung aus Lehm und Torf sein. Man kauft Seerosen am besten im Topfballen. Das Wasser muß auf jeden Fall so tief sein, daß die Pflanze beim Einsetzen ganz bedeckt ist. Die Schwimmblätter sollten knapp unterhalb der Wasseroberfläche liegen. Man pflanzt Seerosen am besten im Frühjahr.

Sumpfdotterblume

(Caltha palustris)

Ein Teichrand oder Sumpfbeet ohne Sumpfdotterblumen ist einfach nicht komplett. Warum auch sollte man auf einen so attraktiven Früh-

jahrsblüher im Wassergarten verzichten? Bringen doch die sattgrünen, glänzenden Blätter und vor allem die leuchtendgelben Blüten die erste Farbe in den Wassergarten. Außerdem ist die Pflanze aus der Familie der Hahnenfußgewächse *(Ranunculaceae)* mit ihren Wurzeln für die Uferbefestigung eines Wassergrabens oder Teiches ausgesprochen nützlich.
Bis 50 Zentimeter hoch werden die Pflanzen, wenn ihnen ihr Standort behagt, und sie blühen unermüdlich über viele Wochen. Für Sumpfdotterblumen unerläßlich ist ein feuchter, besser sumpfiger Untergrund. Sie können sogar im flachen Wasser stehen. Vermehrt werden sie am besten durch Teilung der Wurzelstöcke nach der Blütezeit.

Sumpfporst

(Ledum palustre)

Wer in der Umgebung seines Gartenteichs nicht nur ein Sumpfbeet, sondern vielleicht im Anschluß daran ein Moorbeet anlegt, der

Die Sumpfdotterblume ist am Ufer eines Teichs oder Bachs am besten aufgehoben. Zeitig im Frühjahr erscheinen ihre gelben Blüten.

sollte außer Heidekraut und Heidelbeeren darin auch Sumpfporst pflanzen, der zu den Heidekrautgewächsen *(Ericaceae)* gehört. Außer daß man seinen Garten durch den 50–75 Zentimeter hohen Strauch mit interessanten ledrigen Blättern und hübschen weißen Blüten bereichert, tut man damit auch noch etwas für bedrohte Arten, zu denen der Sumpfporst leider gehört. *L. palustre* ist eine Pflanze der Hochmoore und fühlt sich demzufolge im Moorbeet unweit des Gartenteiches besonders wohl, solange er genügend Feuchtigkeit hat. Eine andere Art, *L. groenlandium*, eignet sich ebenfalls für unsere Gärten. Die Art stammt aus nördlichen Regionen Amerikas und verträgt wie *L. palustre* keinen Kalk im Boden.
Der Standort für beide Arten kann sowohl sonnig als auch halbschattig sein. Vermehrt werden sie durch Bewurzelung junger Triebe in feuchter, mooriger Erde.

Sumpfvergißmeinnicht

(Myosotis palustris)

Damit den ganzen Sommer über das Blau im Wassergarten nicht ausgeht, sollte man sich dieses Vergißmeinnicht einpflanzen. Es braucht nämlich sehr viel Feuchtigkeit und ist deshalb am besten an einem Teichufer oder in einem sumpfigen Beet aufgehoben. Wunderschön sieht es natürlich auch an einem Rinnsal aus, das seinen Weg durch den kleinen Garten nimmt. Wichtig ist nur, daß das Sumpfvergißmeinnicht immer nasse »Füße« hat. Dann blüht es unermüdlich von Mai bis in den Spätsommer mit reizenden blauen Blütentrauben.

Tannenwedel

(Hippuris)

Ihre hübschen Triebe mit den schmalen, nadelartigen Blättern erinnern an Tannenzweige, und das hat dieser interessanten Wasserpflanze, die zu den Tannenwedelgewächsen *(Hippuridaceae)* zählt, ihren irreführenden Namen eingetragen. In jedem Fall sind ihre bizarren grünen Wedel eine Bereicherung der Teichflora, wenn man der Pflanze nicht zuviel Freiheit läßt. Sie sollte unbedingt ein Unterwasser-Pflanzgefäß haben, das an den Seiten durchlöchert ist. Auch darf man dem sich rasant entwickelnden Wurzelstock nicht allzu viel Erde gönnen; er kennt sonst keinen Halt mehr.
In Grenzen aber ziert die Pflanze den ganzen Sommer über die Teichoberfläche, indem sie sich etwa 30–40 Zentimeter aus dem Wasser emporstreckt. Der Wasserstand sollte allerdings nicht mehr als 60–70 Zentimeter betragen. In der kalten Jahreszeit ist vom Tannenwedel nichts mehr zu sehen. Im

folgenden Frühjahr aber wachsen aus der Wurzel erneut frische junge Tannenwedel empor.

Wollgras

(Eriophorum)

Gräser spielen im Wassergarten eine wichtige Rolle und sind als gestalterisches Element kaum zu ersetzen. Zu den Besonderheiten unter den Riedgräsern *(Cyperaceae)* gehört das Wollgras, das in der Natur in Sümpfen und Mooren zu Hause ist und vor allem durch seine hängenden, wolligen Fruchtstände auf den hohen, runden Stielen entzückt.

Das Breitblättrige Wollgras *(E. latifolium)* eignet sich für das immer feuchte Sumpfbeet, während eine andere, bei uns sehr häufige Art, *E. angustifolium*, das Torf-Wollgras, im Moorbeet besser aufgehoben ist.

Ein Garten zum Nutzen und zur Freude

Immer mehr Menschen haben heute das Bedürfnis nach Nahrungsmitteln, die ihr Wachstum, ihr Aussehen und den Geschmack nicht in erster Linie dem Einsatz von Kunstdünger und chemischen Pflanzenschutzmitteln verdanken. Ihren Wünschen versuchen Bio-Bauern und Bio-Läden Rechnung zu tragen.

Ganz sicher kann man sich der »natürlichen« Herkunft von Obst und Gemüse sein, wenn man sich diese Gartenfrüchte selber heranzieht. Da sind natürlich die Besitzer großer Gärten im Vorteil. Sie können sich einen Gemüsegarten und einen Obstgarten anlegen, ohne daß ihnen Platz für den Rasen, die Wiese, für Ziersträucher und Bäume, fürs Staudenbeet oder Rosengärtchen fehlt.

Doch was soll man im kleinen Garten tun?

Den gesamten zur Verfügung stehenden Raum zu einem Gemüsebeet machen, auf Farben, Form und Struktur, wie sie nur durch Blumen, Sträucher und Bäume in den Garten kommen, verzichten?

Gewiß nicht. Man könnte sich vielmehr ein Beispiel nehmen an den Bauern- und Klostergärten vergangener Zeiten, die heute wieder mehr ins Blickfeld rücken und deren liebevolle und doch praktische Anlage vorbildlich sein kann.

Hier läßt sich nämlich durchaus das Nützliche mit dem Schönen verbinden und auch da eine Kom-

Symmetrisch und doch abwechslungsreich läßt sich ein Nutzgarten gestalten. Rund um die Beete duftende Thymianhecken.

bination von Zier- und Nutzgarten schaffen, wo einem nur ein Mini-Grundstück, ein winziges Rechteck oder Quadrat von Gartenland zur Verfügung steht.

In einen solchen Garten gehören natürlich keine hohen Bäume und Sträucher und schon gar keine Exoten. Er wird vielmehr eingefaßt und geschützt von Büschen, die aus der Gegend stammen, von Holunder und Haselnuß, von Vogelbeere und Wildkirsche; an einer Seite haben Johannisbeersträucher und Stachelbeerbäumchen Platz.

In dem so geschützten Geviert sollte wenigstens ein Obstbaum stehen, der allerdings nicht zu hoch hinaus will und dessen Krone auch nicht in einem Jahrzehnt ihren Schatten über die gesamte Garten-

Kunterbunt geht's im Bauerngarten zu, in dem außer Blumen auch Nutzpflanzen Platz haben.

fläche wirft, der aber trotzdem als eine Art »Hausbaum« fungiert. Außerdem bietet der von schönen und zugleich nützlichen Sträuchern umrandete Gartenraum Platz für Beete, auf denen man – möglichst in Mischkultur – Gemüse, Salate, Kräuter anbaut und mittendrin und rundherum die Blumen nicht vergißt.

In einen solchen Gebrauchsgarten passen natürlich keine hochgezüchteten Pflanzen, sondern am besten die Stauden des klassischen Bauerngartens wie Margeriten und Phlox, Herbstastern und Pfingstrosen, Tränende Herzen und Eisenhut, Schwertlilien und Schafgarbe. Die ganze bunte Fülle des Frühlings, Sommers und Herbstes aber bringen die Ein- und Zweijährigen, also Stockrosen und Königskerzen, Springkraut und Fingerhüte, Ringelblumen und Löwenmäulchen, Kapuzinerkresse und Wicken.

Nicht vergessen sollte man auch die dekorativen Kletterer, denen die Hauswand, eine Pergola oder ein anderes Klettergerüst zur Verfügung steht; da sind die verschiedenen heimischen Kletterrosen und Efeu, Geißblatt und Wilder Wein, aber auch Hopfen und vor allem die Obstspaliere, die nicht nur hohen Zier-, sondern auch Nährwert haben.

Natürlich darf in einem Garten, der sowohl praktischen als auch ästhetischen Wünschen gerecht wird, das Kräuterbeet nicht fehlen. Man kann es so anlegen, daß es zugleich ein Stück Ziergarten ist, denn viele Küchenkräuter haben ja nicht nur Würze, sondern auch ihre Schönheit; man denke nur an Borretsch und Dill, an Lavendel und Rosmarin, an Thymian und Salbei.

Eines der ganz wichtigen Elemente im kombinierten Zier- und Nutzgarten ist Wasser. Es könnte, zum Beispiel in Form eines offenen Brunnens oder eines Springbrunnens, den Mittelpunkt des Gartens bilden.

Wege geben dem kleinen Nutz- und Ziergarten sein Gesicht. Sie bilden die Achsen, an denen sich das Gartenleben entfaltet. Verzichtet man, weil der Garten nur wenige Meter breit ist und man ihn nicht optisch noch mehr verschmälern möchte, auf einen Mittelweg, so sollte man doch Querverbindungen zwischen den Beeten schaffen, an denen es besonders üppig blüht. Man kann sowohl Kieswege vorsehen, wie sie in alten Bauerngärten anzutreffen sind, als auch Ziegel- oder Natursteine verlegen. Anders als im Heide- oder Steingarten sollten bei dieser Gartenform alle Wege gerade verlaufen.

Weil ein solcher Garten mit mehreren Funktionen nicht nur zum Säen, Pflanzen und Ernten, sondern auch zum Genießen und Wohnen da ist, könnte darin – zum Beispiel unter dem Obstbaum – eine Bank stehen und – vielleicht in der Nähe des Brunnens – ein weiterer Sitzplatz eingerichtet sein. Sehr hübsch sieht es aus, wenn dieser Platz mit Kleinsteinpflaster belegt ist. Dann sitzt man an schönen Tagen inmitten seiner blühenden und grünenden Pracht und kann Zwiebeln, Erbsen, Salat und Kohlköpfen genüßlich beim Wachsen zusehen.

Ein Wort zum Schluß

Dieses Buch will kein praktischer Gartenratgeber im herkömmlichen Sinn sein, sondern vor allem ein Ideenbuch zur Gartengestaltung. Jeder, der nur ein winziges Stück Gartenland neu zu bestellen oder seinen langweiligen kleinen Garten mit Rasen in der Mitte und Sträuchern ringsum einfach satt hat, soll hier ein paar Anregungen finden, die er auf das eigene Gartenstück übertragen kann.

Dazu muß man natürlich herausfinden, welcher der vorgeschlagenen Themengärten zu den Bedingungen des eigenen Gartens am besten paßt, welcher einen am meisten anspricht und wie man ihn dann den Bedürfnissen seines Grundstücks optimal anpassen kann. Wie schon am Anfang des Buches gesagt: Nicht heute den Entschluß zur Neu- oder Umgestaltung fassen und morgen ans Werk gehen! Der Plan muß zuerst in der Fantasie des Gartenbesitzers Form annehmen.

Erst nach der Phase des Überlegens und Planens steht das neue Gartenkonzept, kann man an die Verwirklichung seiner Ideen gehen.

Daß auch ein kleiner Garten großen Spaß machen kann, das wird man dann bald zu spüren bekommen.

Register

FARBIGE RATGEBER

10265

10258

10261

10264

10262

10256

GOLDMANN

FARBIGE RATGEBER

10266

10250

10252

10253

10255

10259

GOLDMANN